101

DIAS COM AÇÕES MAIS SUSTENTÁVEIS PARA MUDAR O MUNDO

MARCUS NAKAGAWA

101 DIAS COM AÇÕES MAIS SUSTENTÁVEIS PARA MUDAR O MUNDO

Pratique a sustentabilidade no seu dia a dia de forma fácil e rápida. Vamos juntos buscar os Objetivos de Desenvolvimento Sustentável da ONU!

Coordenação editorial
Diana Szylit

Preparação
Bonie Santos

Revisão
Giovanna Zago
Andréia Andrade

Capa
Gustavo Farina

Projeto gráfico e diagramação
Maurelio Barbosa | designioseditoriais.com.br

Ilustrações
Sofia Fragoso

Dados Internacionais de Catalogação na Publicação (CIP)
Andreia de Almeida CRB-8/7889

Nakagawa, Marcus Hyonai

101 dias com ações mais sustentáveis para mudar o mundo / Marcus Hyonai Nakagawa. – São Paulo : Labrador, 2018.
240 p. : il.

Bibliografia
ISBN 978-85-93058-86-8

1. Proteção ambiental – Participação do cidadão 2. Sustentabilidade 3. Meio ambiente 4. Cidadania I. Título.

18-0439 CDD 363.7

Índices para catálogo sistemático:
1. Proteção ambiental – Participação do cidadão

5ª reimpressão - 2025

Editora Labrador
Diretor editorial: Daniel Pinsky
Rua Dr. José Elias, 520 – Alto da Lapa
05083-030 – São Paulo – SP
Telefone: +55 (11) 3641-7446
Site: http://www.editoralabrador.com.br
E-mail: contato@editoralabrador.com.br

Sumário

Prefácio

Apresentar ao leitor um conjunto de ideias e ações simples que contribuam com a sustentabilidade: essa é a proposta do professor Marcus Nakagawa neste projeto, que sugere, por exemplo, o consumo de produtos certificados como garantia de que são fabricados com matérias-primas de origem renovável, ou ainda a atenção a sites que oferecem produtos de valor muito baixo, pois podem ser provenientes de uma cadeia de valor que não considere o respeito aos direitos humanos.

Estes são valores com os quais a Klabin, uma empresa de base florestal, historicamente comprometida com o desenvolvimento sustentável, está bastante alinhada. Produzimos papéis e embalagens que representam soluções para o futuro por serem completamente recicláveis e de fontes renováveis, provenientes de florestas plantadas e de manejo sustentável. Por isso, nos sentimos tão honrados com o convite para participar desta publicação, que é também uma oportunidade de estender e disseminar a responsabilidade de cada um nos cuidados com o meio ambiente e com uma sociedade que conta, cada vez mais, com um potencial para transformar comportamentos e provocar mudanças.

Este livro representa um passo – ou melhor, 101 passos – para iniciar uma mudança de modelo mental sobre como colocar em prática a sustentabilidade no dia a dia. O autor nos convida a experimentar ao menos uma pequena atitude por dia, seja na escolha consciente de um produto ou serviço, seja na forma de organizar uma rotina, na recusa de um comportamento inadequado ou mesmo nos mostrando como a natureza tem o poder de nos inspirar. Cada capítulo/ação traz ainda fontes de pesquisa para que o leitor possa aprofundar e ampliar seus conhecimentos. E a intenção é que este guia se torne, no futuro, colaborativo.

A agenda do desenvolvimento sustentável envolve muitas organizações, entre as quais empresas que se comprometem com a gestão de recursos naturais e o engajamento de seus públicos de relacionamento a favor dessa causa. Vemos várias parcerias bem-sucedidas e iniciativas louváveis formando uma rede pautada num esforço mundial para colocar o planeta em uma trajetória mais sustentável. Os Objetivos de Desenvolvimento Sustentável (ODS) da ONU, aos quais a Klabin aderiu voluntariamente, são apresentados pelo autor como importante referência para as ações sugeridas.

Somos mais de 7 bilhões de pessoas no planeta e, segundo estimativas do relatório Perspectivas da População Mundial: Revisão de 2017, da Organização das Nações Unidas (ONU), devemos chegar a 8,6 bilhões até 2030. É mais que necessário, portanto, conviver em harmonia com o planeta e adotar atitudes sustentáveis, para que as próximas gerações possam desfrutar da vida e dar continuidade a ela.

É do esforço conjunto que saem os melhores resultados. Mas tudo começa pela responsabilidade individual. Cada um faz sua parte e, todos juntos, fazemos um mundo melhor. Uma ação, uma decisão, uma atitude sustentável por dia. O desafio está lançado. Desejamos uma boa leitura e consciência em suas escolhas!

Klabin S.A.

Introdução

O tema da sustentabilidade está por toda parte: na televisão, nos jornais, nos anúncios, nos desenhos animados, nos filmes, nas redes sociais, na internet, nas camisetas, nas marcas das empresas, entre tantos outros lugares. Nos jornais, as catástrofes ambientais, como furacões, terremotos nos Estados Unidos ou o *tsunami* no Japão, aparecem nas primeiras páginas. Nos noticiários de televisão, transmite-se a morosidade de encontros como a COP 21 ou a Rio+20, em que líderes mundiais debatem sobre uma menor emissão de carbono para a atmosfera.

Em filmes como *Avatar*, *Jornada nas Estrelas* e *Interestelar*, seres de outros planetas defendem a natureza e a base de seus planetas contra homens insaciáveis, sedentos por poder. Nos desenhos animados, há diversos animais "humanizados", falando e andando sobre duas patas, que tentam fazer a coleta seletiva básica que os "evoluídos" *Homo sapiens* não conseguem fazer.

Na internet, vemos muitos posts de usuários de redes sociais – como Twitter, Facebook e Instagram – que mostram animais sofrendo, entre outras ofensas ao meio ambiente. Constata-se também que a maioria dos bancos brasileiros e das empresas de petróleo está se tornando mais verde; que grande parte das empresas de cosméticos passou a avaliar os seus fornecedores; que as indústrias automobilística e logística estão pensando na emissão de CO_2; que as indústrias eletroeletrônicas estão desenvolvendo a reciclagem; que as empresas extratoras de minérios e derivados estão estudando o seu legado nas regiões em que atuam; enfim, diversas ações buscando um objetivo maior e comum.

Temos que entender a sustentabilidade como não só as questões ambientais, mas também as questões sociais, éticas, políticas, culturais, espirituais, enfim, tudo aquilo que possa intervir em nosso presente e em nosso futuro. Temos que entender que criamos este movimento de destruição planetária e exclusão socioeconômica para o benefício de poucos.

Estamos falando de muitas pessoas que não têm o que vestir, o que comer, onde trabalhar, acesso a saúde, enfim, muitos problemas sociais. Mas, assim como criamos este modelo econômico, precisamos começar a pensar, agir e mudar.

Grande parte do nosso sentimento de impotência frente às dinâmicas econômicas vem do fato de que simplesmente não temos instrumentos para saber qual a contribuição das diversas atividades para o nosso bem-estar. O clamor quase histérico da mídia por um pequeno percentual de crescimento do PIB age sobre a angústia generalizada do desemprego e tira o nosso foco do objetivo principal, que é a qualidade de vida da sociedade, deixando as pessoas confusas e mal informadas. Pessoas mal informadas, naturalmente, não participam (DOWBOR, 2008).

A busca frenética pelo crescimento do PIB nos governos e pelo aumento do lucro nas empresas faz com que nos esqueçamos da real busca de atividades e produtos para o bem-estar do ser humano no planeta. E, para conseguir esse bem-estar, temos que entender se estamos consumindo os recursos não renováveis do planeta de uma forma não planejada.

Chegamos a um ponto crucial, em que o futuro da nave espacial Terra, dos tripulantes aos passageiros, não é assegurado. Existem condições técnicas para se devastar a biosfera, impossibilitando a aventura humana. A verdadeira questão da qual devemos nos ocupar é, então: em que medida se garante a sobrevivência da Terra com seus ecossistemas e se preservam as condições de vida e de desenvolvimento da espécie *Homo sapiens* (BOFF, 2008)?

E como alterar essa realidade, esse modelo vigente? Senge, Jaworski, Scharmer e Flower (2007) colocam que se começa a enxergar de uma maneira nova quando se interrompe o modo habitual de pensar e perceber. Os autores citam o cientista da cognição Francisco Varela, que explica que desenvolver essa capacidade pressupõe "suspensão, distanciamento do fluxo costumeiro (de pensamento)". Para Varela, a suspensão é o primeiro "gesto" básico para aprimorar a percepção. Fazer uma pausa não significa destruir ou ignorar os modelos mentais que já temos da realidade – isso seria impossível, ainda que se tentasse. Significa, sim, o que o famoso físico David Bohm chamou de "dependurar nossos pressupostos diante de nós". Fazendo isso, começamos a identificar pensamentos e modelos mentais como produtos de nossa própria mente. E, quando tomamos consciência de nossos pensamentos, eles passam a influenciar menos aquilo que enxergamos. Fazer uma pausa nos permite "ver o nosso ver". Ou seja, começar a mudar o nosso jeito de pensar e agir. Alterar toda a "programação" da nossa mente e dos nossos processos e ações do dia a dia.

Antes de interromper o modo habitual de pensar e perceber, é preciso entender quais são os modelos mentais existentes nas questões de sustentabilidade, estratégia, tendência e realidade, para com isso começar a pensar no futuro.

No futuro, o improvável acontece em vez do provável. Será que nossa imaturidade pode ser superada? É possível, ainda que improvável. Os grandes movimentos, entretanto, começam de forma pequena. O cristianismo e o islã começaram com um profeta e ambos se transformaram em fenômenos gigantescos. Isso mostra que devemos esperar o improvável. Jovens vêm me dizer que não temos nenhuma causa, hoje em dia, pela qual valha a pena lutar, como eu tinha "na minha época". Eu digo: sim, vocês têm a causa mais gigantesca, que é o seu destino. É preciso considerar o futuro com a possibilidade da esperança (MORIN, 2008).

A Cúpula das Nações Unidas sobre o Desenvolvimento Sustentável, buscando transformar essa esperança em algo mais pragmático, no final de setembro de 2015, aprovou os Objetivos de Desenvolvimento Sustentável (ODS). Para que esses objetivos sejam atingidos, será necessária a participação de todos que aqui habitam. Os 193 Estados-membros consolidaram 17 objetivos e 169 metas com várias explicações de parcerias, acompanhamento e revisão para que sejam atingidos até 2030 em todos os países do planeta. São objetivos como "garantir educação inclusiva, equitativa e de qualidade", "garantir disponibilidade e manejo sustentável de água" e ainda "assegurar padrões de consumo e produção sustentável". Veja mais no site: https://nacoesunidas.org/pos2015.

Os ODS são a base para este livro, pois possuem um foco global e urgente. Temos que juntar esforços nessa direção conjunta.

Após abordar esses tratados e conceitos que diariamente trabalho em minhas aulas, consultorias, palestras e *workshops*, as perguntas que mais ouço são:

Como colocamos a sustentabilidade no nosso dia a dia?
Como mudamos nosso modo de pensar e agir?
Como colocamos tudo isso na prática?

Sendo questionado quase diariamente, comecei a tentar realizar ações no meu dia a dia para mudar e atuar. Não adianta dar aulas, escrever artigos, dar palestras e tudo o mais se realmente não vivencio tudo isso. Mas você deve estar se perguntando se realmente consegui colocar todas essas ações em prática.

A resposta é: muitas sim, algumas ainda não, mas a maioria está em andamento, pois esse é um processo pelo qual temos que passar diariamente. Mudar o comportamento, ver o que dá certo e o que não dá certo e melhorar cada dia mais. Algumas dessas ações requerem investimento financeiro, investimento de tempo ou simplesmente uma atitude diferente. Temos ações rápidas e de longo prazo, mas que precisam ser começadas algum dia!

As ações citadas são o início dos temas baseados nos ODS. Para maior aprofundamento, utilizem outras referências citadas, como sites, notícias e filmes. Aqui está a ponta do *iceberg* para o aprofundamento de cada uma das questões.

Pois é, ser sustentável é também estudar, se engajar e ser resiliente. Mudar o mundo não é uma ação para quem gosta de ficar somente sentado em frente à televisão ou ao computador fuçando as mídias sociais dos outros!

Acredito que, se fizermos uma mudança por dia ou inserirmos uma nova ação sustentável por dia, podemos colaborar para as melhorias éticas, ambientais, sociais, culturais, educacionais, econômicas, enfim, tudo aquilo que está ligado às questões de sustentabilidade.

Não adianta mais esperar dos outros que criem um mundo melhor. A mudança que todos querem está em cada um de nós. Mudamos nós e mudamos o mundo.

Preparados? Então vamos lá!

Instruções de uso

Este livro pode ser utilizado da maneira que o leitor quiser, ou seja, você não precisa seguir a sequência de 1 a 101. Pode escolher aleatoriamente, buscar no sumário as ações que achar mais fáceis de começar ou seguir a sequência numérica, que não possui necessariamente um grau crescente de dificuldade ou uma sequência temática.

A ideia é que cada um possa escolher a sua ação preferida do dia e implementá-la.

Cada ação possui um grau de dificuldade, uma dica, ligações com outras ações de outros dias, referências de sites, ONGs, movimentos e, principalmente, a sugestão de compartilhamento.

É isso mesmo! Assim que realizar a ação do dia, sugerimos que você poste uma foto no Instagram, no Facebook ou no Twitter e incentive outras pessoas a fazerem como você, ajudando a mudar o mundo.

Assim que as ações forem sendo realizadas, seja no dia, na semana ou no ano, você pode anotar no livro se foram realizadas total, parcial ou inicialmente.

Você também pode anotar dificuldades, novidades, outras informações, outras alusões, notas etc. Assim, temos mais formas de ir melhorando as ações e de compartilhá-las com outras pessoas.

Essas melhorias também podem ser enviadas para contato@marcusnakagawa.com ou postadas no Facebook do livro (https://www.facebook.com/diasmaissustentaveis/), para que, na próxima edição, possamos acrescentar mais ações, de forma que este livro seja cada vez mais colaborativo.

Boa leitura e sucesso nas suas ações sustentáveis para mudar o mundo!

REFERÊNCIAS

BOFF, Leonardo. A contribuição do Brasil. In: VIANA, Gilney; SILVA, Marina; DINIZ, Nilo (Org.). *O desafio da sustentabilidade*: um debate socioambiental no Brasil. São Paulo: Fundação Perseu Abramo, 2001.

DOWBOR, Ladislau. *Democracia econômica*: alternativas para gestão social. Petrópolis: Vozes, 2008.

MORIN, Edgar. O mundo não é preto-e-branco. *Revista Ideia Socioambiental*, mar. 2008, p. 76.

SENGE, Peter; SCHARMER, C. Otto; JAWORSKI, Joseph; FLOWERS, Betty Sue. *Presença*: propósito humano e o campo do futuro. São Paulo: Cultrix, 2007.

OBJETIVOS DE DESENVOLVIMENTO SUSTENTÁVEL

10 REDUÇÃO DAS DESIGUALDADES
11 CIDADES E COMUNIDADES SUSTENTÁVEIS
12 CONSUMO E PRODUÇÃO RESPONSÁVEIS
13 AÇÃO CONTRA A MUDANÇA GLOBAL DO CLIMA
14 VIDA NA ÁGUA
15 VIDA TERRESTRE
16 PAZ, JUSTIÇA E INSTITUIÇÕES EFICAZES
17 PARCERIAS E MEIOS DE IMPLEMENTAÇÃO
OBJETIVOS DE DESENVOLVIMENTO SUSTENTÁVEL

DIFICULDADE ☑☐☐☐☐

Mamão com açúcar!

Gentileza gera gentileza #1

Dica: Respire fundo, repense suas atitudes e gere gentileza!

Compartilhe: Que ação você fez? Assistiu a algum vídeo ou viu alguma foto que te tocou? Qual?

REALIZADA ☐ TOTALMENTE ☐ PARCIALMENTE ☐ INICIALMENTE

A frase que dá título a esta ação está em um adesivo que muitos amigos e alunos têm colado em seus computadores. A frase, segundo a Revista Prosa Verso e Arte, é de José Datrino, mais conhecido como Profeta Gentileza, que escrevia seus pensamentos nas paredes de um viaduto na Avenida Brasil, na cidade do Rio de Janeiro. Ele andava com uma túnica branca e tinha uma longa barba. A sua sapiência foi homenageada por dois músicos brasileiros, Marisa Monte e Gonzaguinha, que compuseram músicas intituladas "Gentileza".

O sábio profeta mostra que realmente temos que atuar no nosso dia a dia sendo gentis com outras pessoas. Pois a gentileza é uma grande moeda de troca. É estranho colocar dessa maneira, não? Mas, se você pesquisar teorias econômicas, verá que, se nossa moeda for bem investida, ela trará um bom retorno financeiro. Veja também a frase "dinheiro atrai mais dinheiro". Estou fazendo esse paralelo exatamente

para levar uma mentalidade que temos no dia a dia para outro paradigma: fazer gentilezas.

Mas não devemos ser gentis para receber mais gentileza; o intuito é que a gentileza se espalhe ao nosso redor e que nossas atitudes influenciem mais pessoas pelo mundo. E como o mundo é redondo, uma hora a gentileza voltará para melhorar o que temos hoje. Assim, conseguiremos buscar os Objetivos de Desenvolvimento Sustentável (ODS).

No vídeo *Gentileza gera gentileza todo dia – Kindness boomerang all day*, da Life Vest Inside, isso é mostrado de uma forma bem bacana e emocionante. E o vídeo *Money*, do WWF, mostra exatamente o contrário: se fizermos coisas nada gentis, a falta de gentileza virá para nós com mais força.

E como fazer para gerar gentileza? Que tal começar com a simplicidade de falar algumas palavras e frases, como "bom dia", "obrigado", "boa tarde", "boa noite", "por favor", "de nada"?

Para aumentar essa corrente do bem, você pode começar hoje a contar quantas gentilezas você faz por dia. Que tal introduzir uma obrigatoriamente hoje? Ajude seu irmão ou sua mãe em uma tarefa que é difícil, por exemplo. Amanhã, faça duas gentilezas; depois de amanhã, três, e assim por diante. Quando isso virar rotina, você nem precisará mais contar.

Depois disso, você pode incentivar mais uma pessoa a fazer isso, e quem sabe mais uma e mais uma. Este é o tema do filme *A corrente do bem*, do ano 2000, em que um menino consegue exatamente essa multiplicação de gentilezas.

As tarefas e gentilezas podem ser desde as mais simples até as mais complicadas – como devolver uma carteira ou ser voluntário em uma ONG. Você pode também ajudar uma pessoa idosa a subir as escadas, cuidar de um animal abandonado etc. Enfim, são milhares de possibilidades. Olhe que coisa incrível! Milhares de oportunidades e você nem precisa comprar ou colecionar.

Então, mãos à obra! Vamos mudar! Gentileza gera gentileza!

REFERÊNCIAS

Filme

- *A corrente do bem* (2000).

Vídeos

- Gentileza gera gentileza todo dia, da Life Vest Inside:
https://www.youtube.com/watch?v=__DTV3nJfoc

- Money, do WWF:
https://www.youtube.com/watch?v=j-l8GvMCir4, da DM9:

- Ajudar ao próximo:
https://www.youtube.com/watch?v=fda49mc9-Ac

- Câmeras de segurança mostram cenas de gentileza em Recife, do NETV:
https://www.youtube.com/watch?v=gQK-sdAAwPA&index=38&list=FLVLaSrU7aHIE-NWb1QXxd3Gg

Sites

- Gentileza gera gentileza:
https://www.facebook.com/gentilezagera
http://gentilezagera.blogspot.com.br

DIFICULDADE ☑☐☐☐☐
Fácil demais!

#2 Cumpra os seus compromissos

Dica: Liste seus compromissos com data, indicando para quem você precisa entregar o quê. Saiba dizer não!

Compartilhe: Como você conseguiu lidar com esse tema? Qual foi a principal dificuldade?

REALIZADA ☐ TOTALMENTE ☐ PARCIALMENTE ☐ INICIALMENTE

Em uma das grandes multinacionais em que trabalhei, um dos grandes temas de gestão era "Cumpra os seus compromissos". Os executivos, os administradores e o pessoal da operação tinham esse indicador de avaliação no seu dia a dia. Parece meio óbvio que tínhamos que cumprir nossos compromissos, mas quando estamos na "vida real", no trabalho, na escola ou em casa, acabamos nos perdendo, porque são muitas coisas a se fazer.

Temos, por exemplo, que cuidar da nossa saúde: fazer exercícios, comer corretamente, não exagerar nos doces, comer com menos sal – esses são alguns exemplos de coisas com as quais nos comprometemos quando se trata apenas de nossa saúde.

No entanto, nossos compromissos vão muito além. Como não nos perdermos em meio a todos eles?

Primeiro, precisamos entender quem é o interlocutor com quem estamos nos comprometendo: o chefe, a esposa (ou o marido), filho(s), pais, irmãos, seu assistente, você mesmo... Enfim, qual o grau de relevância de nosso comprometimento.

Se for no trabalho, por exemplo, geralmente você acaba fazendo um acordo ou assinando um contrato em que constem seus compromissos e suas metas. Mas quem é que "assina" esse contrato do outro lado? Seu chefe, o diretor, o técnico?

Definir com quem você está se comprometendo é fundamental. Mas por quê? Para ver qual o grau de prioridade que esse compromisso tem. Não que você vá deixar de cumprir algum compromisso, mas algumas vezes você precisa definir uma ordem de realização para que as coisas não se acumulem nem fiquem esquecidas.

Quando você acorda e pensa "hoje vou tomar café, tomar banho, estudar aquele tema para a prova, visitar fulano de tal, assistir à TV" etc., você está organizando seu dia. E é também assim que precisamos listar os nossos compromissos. Isso mesmo: listar, escrever, ou seja, anotar em algum lugar – em um bloquinho, em um papel, no *tablet*, no celular, em algum aplicativo ou em qualquer outro lugar que você escolha.

O compromisso que você assumir vai para o lugar de anotações para que você não se esqueça da pessoa com quem você se comprometeu, da data em que você se comprometeu e do dia em que você vai entregar o acordado. Pode ser que seja todo dia ou que você tenha algum prazo específico.

Portanto, a sua ação mais sustentável de hoje é inserir todos os seus compromissos em uma sequência temporal, do mais urgente (mais próximo do dia de hoje) para o mais distante, de modo que a ansiedade das milhares de coisas que você tem que fazer diminua. Vários cursos de gestão do tempo, elaboração de projetos e diminuição da ansiedade ensinam essa técnica.

Às vezes, os compromissos se encavalam, e é nesse ponto que começa a dificuldade dessa ação para melhorar o mundo. Se todos cumprissem tudo o que prometem, teríamos a diminuição de mentiras, roubos, "jeitinhos", enfim, tudo o que pode prejudicar alguém.

Como, então, administrar bem os nossos compromissos?

Dizendo não para as pessoas! Pois é, dizer não vai ajudar você a gerenciar melhor o seu tempo. E a decisão entre um sim e um não vai depender de como aquela pessoa ou aquele compromisso se insere em suas prioridades e em seus valores. Isso mesmo, seus valores, aqueles em que você acredita e que são o motivo de você estar lendo este livro.

Negando, você começa a selecionar e a negociar prazos que são condizentes com aquilo em que você acredita. Obviamente, não estamos falando de procrastinação.

A sua ação de hoje, portanto, é negar e anotar as atividades para as quais você disse sim.

Se você quiser se aprofundar, existem vários livros, cursos, palestras e vídeos sobre o tema organização do tempo que podem te ajudar a se organizar para cumprir os seus compromissos.

REFERÊNCIAS

Sites

- O valor da palavra:
http://g1.globo.com/platb/paulocoelho/2011/05/15/o-valor-da-palavra-2

- 5 técnicas de organização:
https://freesider.com.br/produtividade-e-gestao/5-tecnicas-de-organizacao-de-compromissos-no-trabalho

- 6 passos para dizer "não" sem se sentir culpado:
https://epocanegocios.globo.com/Carreira/noticia/2015/10/6-passos-para-dizer-nao-sem-se-sentir-culpado.html

- 57 maneiras de dizer não:
https://claudia.abril.com.br/noticias/57-maneiras-de-dizer-nao-2

DIFICULDADE ☑☑☑☑☑

Um pouco mais difícil!

Pague seus impostos e entenda para onde eles vão #3

Dica: A cada compra ou venda, veja na internet o quanto está pagando de imposto.

Compartilhe: Você encontrou algum imposto que não conhecia? Que tipo de imposto você achou exagerado?

REALIZADA ☐ TOTALMENTE ☐ PARCIALMENTE ☐ INICIALMENTE

Todo mundo reclama do governo e dos serviços que ele presta para a população. Há uma frase popular que escutei uma vez e me aterrorizou: "temos duas certezas na vida: a primeira é que vamos morrer, a segunda é que vamos pagar impostos".

Pois é, pagamos impostos a todo momento no Brasil: na hora da venda, na hora de receber o salário, na hora de almoçar, alguns até na hora de declarar o imposto de renda... Acho que deu para ilustrar.

O sistema tributário, do qual tanta gente fala, é tão complexo que existem especialistas nisso, sem contar que cada dia sai uma lei nova com algo novo, seja de isenção, seja de aumento. E sem falar de todas as articulações com os legisladores do país, que são a todo momento aliciados por empresas, produtos, sindicatos, entre outros, para mudar, abater, diminuir, criar, cortar, ufa!

Isso tudo dentro da lógica de que, toda vez que você paga um imposto, esse valor irá para alguma área governamental e será revertido em serviços ou benefícios para os contribuintes/a população na forma de saúde, educação, transporte, infraestrutura, cultura, lazer etc.

Neste capítulo, a ideia não é questionar se isso está sendo realizado ou não, pois o tema daria um livro inteiro, mas entender a importância dos impostos.

O imposto é, segundo o site do governo brasileiro, certa quantia de dinheiro paga ao país, aos estados e aos municípios. Tanto pessoas físicas quanto jurídicas pagam impostos para o governo como forma de auxiliar e investir em obras de infraestrutura, além de serviços essenciais para a sociedade. Obviamente, existem impostos que todos nós conhecemos, como o INSS e o IPTU. Contudo, apenas uma pequena parcela da população tem conhecimento sobre o II, por exemplo, que é um imposto cobrado apenas para custear a importação de objetos.

Não que devamos nos tornar pessoas muito entendidas sobre o assunto, mas, aprendendo mais sobre os impostos que estamos pagando, nos tornamos mais críticos e podemos debater com mais assertividade as necessidades da moeda de troca do governo.

E, claro, estou considerando que estamos pagando os impostos. Pois é meio estranho reclamarmos do governo e dos seus serviços se damos um "gato" no imposto ou simplesmente não pagamos.

Isto sim é cidadania: buscar um mundo mais sustentável. Se pagamos, temos que ter retorno. A sua ação mais sustentável para o dia é pesquisar, divulgar, ensinar os outros e cobrar dos políticos.

Se essa curta explicação ainda deixou dúvidas sobre o que são os impostos e como eles funcionam, além dos links sugeridos abaixo, existem diversos vídeos e sites que podem tirar suas dúvidas. Não deixe de se aprofundar nesse assunto tão importante para nossa sociedade!

REFERÊNCIAS

Sites

– **O que são e para que servem os impostos:**

http://www.brasil.gov.br/economia-e-emprego/2010/01/o-que-sao-os-impostos

http://noticias.r7.com/economia/noticias/entenda-o-que-sao-e-para-que-servem-os-impostos-20101019.html

– **Projeto sobre educação fiscal:**

http://www.correiobraziliense.com.br/app/noticia/eu-estudante/me_gerais/2013/11/07/me_gerais_interna,397657/para-que-servem-os-impostos.shtml

DIFICULDADE ☑☐☐☐☐
Facílimo!

Apague a luz #4

Dica: Só saia de um ambiente depois de apagar a luz.
Compartilhe: Quem é o campeão de apagar a luz na sua casa?

REALIZADA ☐ TOTALMENTE ☐ PARCIALMENTE ☐ INICIALMENTE

Esta é realmente muito fácil. Simplesmente, se acender a luz ao entrar em um cômodo, só saia depois de apagá-la.

Atualmente, a energia é o grande problema da humanidade, sabia? Quem tem energia tem poder, polui menos o meio ambiente e esquenta menos o planeta.

Afinal, o que é energia? É a capacidade de produzir algum tipo de trabalho ou colocar algo em movimento, biologicamente ou não. A energia é uma das coisas mais importantes para a humanidade nos dias de hoje. Sem ela, não podemos trabalhar direito, comer, nos divertir com amigos e familiares, entre outras atividades que fazem parte do nosso cotidiano.

Podemos fazer uma associação rápida a essa simples dica: quanto menos mantivermos as luzes acesas sem necessidade, menos gastaremos energia. E por que isso é tão importante? Pois bem, se ainda não ficou claro, pense desta forma: é final de tarde, ainda tem um pouco da luz do sol, mas não o suficiente em um quarto específico de sua casa. Detalhe: você só vai entrar nele para pegar uma coisa e sair. Você entra, acende a luz, encontra o que quer, desliga a luz e sai.

Nesse curto espaço de tempo, em que você se lembrou de apagar a luz quando deixou o cômodo (seja no seu trabalho, em sua casa ou até mesmo onde você estuda), você poupou muitas coisas – por exemplo, seus gastos com a conta de luz – e protegeu o meio ambiente, porque diminuiu o uso de água (levando em consideração que a energia usada no Brasil é hidráulica).

Essa dica também está ligada aos ODS de números 11, 13 e 14, que dizem respeito ao consumo responsável de água ou à forma como nós vivemos em sociedade.

A sua ação mais sustentável de hoje é apagar as luzes. Não precisa se esforçar muito para praticar isso, não é mesmo? É tão simples, rápido e fácil que não há motivo para não praticar essa simples ação todos os dias e em qualquer lugar em que isso seja possível.

Como fazer para sempre se lembrar de apagar as luzes? Bem, algumas sugestões que podem parecer bobas acabam sendo muito úteis, como deixar uma mensagem perto do interruptor. Ou sempre tentar verificar se as luzes estão apagadas. No caso dessa dica, é questão de costume. Quanto mais você fizer, mais a ação se tornará parte de sua rotina!

Vamos nos lembrar, todos nós, de apagar as luzes quando sairmos dos lugares!

REFERÊNCIAS

Vídeo

– **O que é energia?, do Sesc em São Paulo:**
https://www.youtube.com/watch?v=0ZwiNOd3eQM

Sites

– **O que é energia:**
http://queconceito.com.br/energia

– **Consumo de energia elétrica no Brasil sobe em 2017:**
https://extra.globo.com/noticias/economia/consumo-de-energia-eletrica-no-brasil-sobe-46-entre-1-16-de-outubro-diz-ccee-21968182.html
http://agenciabrasil.ebc.com.br/economia/noticia/2017-08/consumo-de-energia-eletrica-no-pais-cresce-11-em-junho-e-04-no-semestre

DIFICULDADE ☑☐☐☐☐
Superfácil!

Limpe e guarde #5

Dica: Usou? Limpou e guardou!

Compartilhe: Quantas vezes no dia você limpou e guardou suas coisas? Quem é o campeão de limpar e guardar na sua casa?

REALIZADA ☐ TOTALMENTE ☐ PARCIALMENTE ☐ INICIALMENTE

Compreender esse conceito é realmente muito simples! Durante todo o dia, nós usamos diversos objetos em nossos ambientes de trabalho e de estudo e até mesmo em casa. É mais que normal que muitos ambientes fiquem bagunçados e desorganizados. Contudo, a atitude que não devemos ter é simplesmente deixar isso de lado e pensar em organizar depois.

Para entender melhor essa dica, temos que ir até o oriente buscar o significado do termo *Kaizen*. Você sabe o que é? *Kaizen* quer dizer "mudança para melhor" – é uma filosofia que foca na melhoria contínua da sua vida em geral.

Um ambiente organizado e limpo ajuda a ter foco, porque elimina possíveis distrações e perturbações. Esse conceito não está relacionado apenas ao trabalho em equipe, mas ao individual também. Existem diversos tipos de pessoas, mas todos nós conhecemos a sensação boa que coisas organizadas trazem quando estamos com pressa ou apenas queremos relaxar em casa. Dá uma sensação de paz, não é mesmo?

Limpar e guardar são coisas tão simples quanto sempre lembrar de apagar a luz. São coisas importantes para fazer parte da nossa rotina, porque estão intimamente ligadas aos Objetivos de Desenvolvimento Sustentável (ODS) de números 3 (saúde e bem-estar) e 8 (trabalho decente e crescimento econômico).

Como o tema da sustentabilidade está ligado a diversos âmbitos e situações, não só ao meio ambiente, mas ao meio social também, é claro que essa dica está mais voltada para o aperfeiçoamento pessoal, o que, consequentemente, nos deixa preparados para colocar em prática com mais eficiência as outras dicas e ajudar diretamente no cuidado com o meio ambiente e com o próximo. Além disso, ela também nos capacita a lidar de uma forma melhor com o ambiente de trabalho e com o ambiente de estudo, transformando nossa sociedade em algo mais unido e coerente.

Limpar e guardar são ações simples e rápidas, que podem ser executadas em qualquer rotina! Uma dica muito simples é começar aos poucos, mantendo organizada sua mesa de trabalho ou uma área específica da casa e, aos poucos, ir adquirindo esse hábito para outras necessidades. Comece hoje esta ação e na próxima semana ela já fará parte de sua rotina!

REFERÊNCIAS

Vídeos

- **Kaizen: melhoria contínua, de Arata Academy:** https://www.youtube.com/watch?v=GQiLb6AYOXw
- **Kaizen: o que é o Kaizen? Como funciona o Kaizen?, de Instituto Montanari:** https://www.youtube.com/watch?v=9tlMbXohJb0

Site

- **Kaizen: a sabedoria milenar a serviço da sua melhor gestão:** https://endeavor.org.br/kaizen

Recuse #6

Dica: Não gostou, não sentiu vontade ou não achou correto? Não aceite.

Compartilhe: Você acha difícil recusar as coisas? Por quê?

REALIZADA ☐ TOTALMENTE ☐ PARCIALMENTE ☐ INICIALMENTE

A palavra "recusar" pode abranger um monte de situações. Você pode recusar um convite para um encontro, pode se recusar a comer ou beber algo, entre outras coisas. Mas, levando em consideração o conceito dos 5 Rs (repensar, reduzir, recusar, reutilizar e reciclar), o sentido que quero apresentar seguirá pelo caminho da sustentabilidade e da real necessidade.

Sempre que for consumir algo ou comprar alguma coisa, pense: eu preciso mesmo disso? É realmente necessário para mim agora? Terá serventia para mais de uma situação? Se alguma dessas respostas for "não", talvez seja o momento de recusar a compra do que quer que esteja te atraindo.

A intenção aqui não é que você deixe de consumir os produtos e serviços de que gosta, mas que compreenda que um dos maiores problemas da sociedade hoje é o desperdício causado pelo consumismo desenfreado, que chega a criar angústia e depressão pela necessidade de se ter sempre mais e de comprar sempre. Além disso, os resíduos deixados pelo consumo exagerado são recolhidos de diversas formas – as coletas seletivas fazem sua parte, mas não são todos os estados e municípios que as possuem, e o descarte nem sempre é feito de maneira correta.

Claro que não é fácil abrir mão de uma latinha de refrigerante ou de uma garrafinha de água bem gelada durante um dia quente, ou daquela roupa ou sapato que sua amiga também comprou. É necessário, porém, repensarmos algumas ações para evitar o consumo exagerado e o descontrole financeiro. Desafio você a recusar algumas coisas durante um dia inteiro, e mais um, e outro, até que suas reais necessidades apareçam e essa dica não seja mais algo difícil de fazer! Você também vai passar a economizar e investir em algo que realmente faça sentido para você.

Está pronto para aceitar esse desafio? Só precisa começar!

REFERÊNCIAS

Vídeos

– The Rise of Lowsumerism:
https://www.youtube.com/watch?v=jk5gLBIhJtA

– Repensar, Reduzir, Reutilizar, Reciclar:
https://www.youtube.com/watch?v=KMechtkV5rw

- A política dos 5 R's:
http://www.mma.gov.br/informma/item/9410-a-pol%C3%ADtica-dos-5-r-s

Sites

– Resíduos:
http://www.portalresiduossolidos.com/situacao-atual-dos-rs-no-brasil
http://sustentabilidade.estadao.com.br/blogs/ambiente-se/brasil-produz-lixo-como-primeiro-mundo-mas-faz-descarte-como-nacoes-pobres

DIFICULDADE ☑☑☑☐☐
Com dedicação, é possível!

Reduza #7

Dica: Tudo o que pode ser reutilizado ajuda!
Compartilhe: Foi muito difícil reduzir? Que tipo de coisa você conseguiu reduzir?

REALIZADA ☐ TOTALMENTE ☐ PARCIALMENTE ☐ INICIALMENTE

Não é muito difícil entender o conceito de redução; talvez, o mais complicado aqui seja se policiar para conseguir aplicar isso às suas ações diárias. No entanto, nada em que a força de vontade e a real preocupação com o meio ambiente e com os impactos sociais e psicológicos não ajudem!

Primeiro, vamos entender o que é a redução.

Esta ação é um complemento para a "Recuse" e, assim como ela, faz parte dos 5 Rs (repensar, reduzir, recusar, reutilizar e reciclar). Para um resumo rápido, os 5 Rs são conceitos que reúnem as ideias centrais de uma política para a redução do consumo de energia, de matérias-primas e de recursos naturais.

Reduzir é simplesmente tomar cuidado com gastos exagerados de materiais que virarão resíduos não reaproveitáveis, além de evitar o consumo de supérfluos e o desperdício de água, luz e gás (fontes de energia importantes para a nossa vida diária).

Tudo o que é descartado acaba indo direto para o meio ambiente, o que, consequentemente, causa algum impacto – na maioria das vezes, ruim. Uma sacola plástica pode demorar mais de duzentos anos para se decompor na natureza e, dependendo da forma como é descartada, pode matar animais que a engulam acidentalmente.

Outros produtos, como metal, borracha e até as fraldas descartáveis dos bebês (que nós usamos de maneira exagerada), causam um efeito negativo no meio ambiente. E você deve estar se perguntando: mas como um bebê vai parar de usar fraldas?

Ora, existem muitas alternativas sustentáveis para a fralda descartável. A mais comum é a fralda de pano, muito usada antigamente e, por diversos motivos, muito mais confortável para os bebês. Ela pode ser encontrada em sites específicos de produtos sustentáveis. A verdade é que as opções para ajudar na redução do desperdício são diversas, só precisamos procurar!

Está pronto para começar uma vida com menos desperdício? Vamos em frente!

REFERÊNCIAS

Vídeos

– Decomposição:

https://www.youtube.com/watch?v=Z7VGtj0VeRc

– Redução:

https://tvescola.org.br/tve/video/fique-sabendo-voce-sabe-o-significado-dos-5-rs-da-educacao-ambiental

Site

– Materiais e suas decomposições:

http://www.setorreciclagem.com.br/3rs/qual-o-tempo-de-decomposicao-dos-materiais

DIFICULDADE ☑☑☐☐☐

Fácil, é só encontrar o produto certo!

Reutilize #8

Dica: Tudo o que puder ser lavado e guardado pode ser reutilizado!

Compartilhe: Quantos produtos você reutilizou hoje?

REALIZADA ☐ TOTALMENTE ☐ PARCIALMENTE ☐ INICIALMENTE

Obviamente, essa dica também faz parte dos 5 Rs (repensar, reduzir, recusar, reutilizar e reciclar). Caso você ainda não tenha lido as ações 6 e 7, saiba que os 5 Rs são conceitos que trazem ideias interligadas e que ajudam a proteger de forma mais eficaz o meio ambiente. Reutilizar é o quarto passo – se bem que, se considerarmos que os 5 Rs são ideias conectadas, a partir do momento em que esses conceitos passarem a fazer parte de sua vida, esta ação acabará acontecendo de forma conjunta às outras.

Se você parar para pensar, vai perceber que muita coisa ao seu redor pode ser reutilizada. Um exemplo muito comum, praticado por muitas pessoas, é lavar o copo de vidro de requeijão e utilizá-lo como copo normal. Simples e fácil, não acha?

Muitos outros itens do dia a dia podem ser reutilizados e, com isso, conseguimos diminuir o impacto ambiental que causariam se jogados fora. Outro exemplo são as sacolas reutilizáveis vendidas nos supermercados. Elas podem ser um pouco mais caras que as sacolas de plástico; contudo, são muito mais sustentáveis e podem ser utilizadas para outras finalidades também. As caixas de papelão que ficam no supermercado ou na sua empresa também podem ser reutilizadas. E aquela folha de papel que você imprimiu só de um lado? Já pensou em imprimir do outro lado também? Isso ajuda a evitar o desperdício.

Muitos são os objetos encontrados dentro de casa, no trabalho, na escola ou na faculdade que podem ser reutilizados: mas deixo o desafio para você: que coisas diferentes você pode reutilizar? Como pode fazer isso? Reutilize algum objeto hoje e compartilhe nas suas redes sociais ou mostre a ideia para mais duas pessoas.

Vamos criar um mundo mais limpo e com menos desperdício!

REFERÊNCIA

Vídeo

– Ideias para reutilizar e reciclar:

https://www.youtube.com/watch?v=nQB0uyVNE_k

DIFICULDADE ☑ ☑ ☐ ☐ ☐

Fácil!

Recicle #9

Dica: Separe com cuidado e tudo será reciclado!

Compartilhe: Quantos produtos você separou hoje para reciclagem?

REALIZADA ☐ TOTALMENTE ☐ PARCIALMENTE ☐ INICIALMENTE

A reciclagem vem sendo bastante discutida por diversos meios de comunicação e dentro de escolas e empresas. Sempre se procura a forma mais rápida e fácil de reunir os objetos recicláveis e entregá-los para locais responsáveis pela reciclagem. É um debate que está "na moda", e é muito bom que esteja.

Reciclagem nada mais é que recolher os resíduos descartados e transformá-los em matéria-prima novamente, para que voltem a um ciclo produtivo, consequentemente economizando recursos naturais que seriam gastos na produção.

Essa etapa pode ser concretizada de diversas formas, e você pode contribuir facilmente. A reciclagem pode ser feita por empresas específicas ou até mesmo por você, na sua casa, na sua escola ou no seu local de trabalho! Muitos blogs e canais no YouTube ensinam como reciclar e transformar os materiais em objetos úteis para o dia a dia. Se você não tiver tempo, pode apenas separar os seus resíduos e entregá-los para uma empresa ou ONG que faça a reciclagem.

Assim como recusar, reduzir e reutilizar, reciclar tem como objetivo ajudar o meio ambiente com um conceito muito importante (os outros três citados foram discutidos nos capítulos anteriores a esse; não deixe de lê-los para que possa aprender o máximo sobre outras maneiras de ajudar na preservação do meio ambiente!).

Separar seus resíduos para reciclagem é algo que pode e deve fazer parte de sua rotina, porque se tornará fácil e automático. Provavelmente, você já teve alguma aula sobre reciclagem, que é um tema discutido em muitas aulas de biologia e ciências, ou alguma palestra no trabalho, já que atualmente muitas empresas estão tentando se tornar mais sustentáveis. Então, você já sabe como a reciclagem funciona! Se não sabe, pode encontrar na internet muitas informações sobre como ela acontece e sobre sua extrema importância para o meio ambiente e para sua própria vida!

Mobilize seu condomínio, sua rua e seu bairro para que sejam colocados postos de coleta seletiva.

Recicle e veja a magia da renovação acontecer!

REFERÊNCIAS

Vídeo

– Reciclagem de latinhas de alumínio, de Manual do Mundo:
https://www.youtube.com/watch?v=wgPn3kZZtIY

Sites

– A importância da reciclagem:
http://mundoeducacao.bol.uol.com.br/geografia/reciclagem.htm
http://www.abraceoplaneta.com.br/page9.php

Ligue-se a seus valores #10

Dica: Conheça-se a cada novo dia.
Compartilhe: Você foi fiel aos seus valores hoje?

REALIZADA ☐ TOTALMENTE ☐ PARCIALMENTE ☐ INICIALMENTE

É difícil falar de valores, porque eles normalmente estão ligados a pensamentos, ideologias e ideias bastante íntimos e fortes. Antes de explicar a importância dos valores para o desenvolvimento sustentável, vamos tentar defini-los.

Uma explicação bastante interessante é que os valores são as características de uma pessoa ou organização que fundamentam a relação dessa pessoa ou organização com os outros e com o meio ambiente. Ou seja, os valores podem ser de uma pessoa ou de uma empresa, e estão internalizados em todos nós; são aquilo em que acreditamos e aquilo que vivemos no dia a dia. Na sociologia, são reconhecidos como os fatos sociais.

Os valores muitas vezes são também chamados de valores morais ou de valores sociais e éticos. Eles acabam coordenando e constituindo regras estabelecidas para que haja uma convivência saudável dentro de uma sociedade ou de um grupo social.

Estar ligado a seus valores quer dizer que você precisa inicialmente ter um conhecimento muito grande sobre si mesmo. E isso pode alterar a forma como você entende, interage e impacta o mundo e as pessoas ao seu redor. Podemos ligar facilmente a noção de valor aos Objetivos de Desenvolvimento Sustentável (ODS) de números 8 (trabalho decente e crescimento econômico), 10 (redução das desigualdades) e 16 (paz, justiça e instituições eficazes), porque, quanto mais claros forem seus valores e quanto mais eles estiverem ligados ao grupo social ao seu redor, melhor você poderá agir dentro de sua empresa ou em convivência na sociedade.

O autoconhecimento é um processo longo de descoberta, que requer uma análise diária de você como indivíduo. Contudo, o importante nessa jornada de autoconhecimento é que você não só crescerá como ser humano, mas começará também a observar a vida, a sociedade e o meio ambiente de forma diferente. Comece hoje listando os seus principais valores. Escreva de 5 a 10 palavras que, para você, são fundamentais na relação pessoal em um grupo social. Depois aprofunde os seus estudos sobre valores, conversando com colegas e buscando na internet!

REFERÊNCIAS

Vídeos

- Valores pessoais, felicidade e ética em um mundo em transformação, de Leandro Karnal:

https://www.youtube.com/watch?v=OMPqMHwR0wY

- ON ou OFF, de que lado você está?

https://www.youtube.com/watch?v=RadIP53qXhU

Sites

- Valores Pessoais - O que são e como descobrir os seus?

http://www.administradores.com.br/artigos/negocios/valores-pessoais-o-que-sao-e-como-descobrir-os-seus/31960

- O que são valores para uma empresa?

http://www.administradores.com.br/artigos/negocios/o-que-sao-valores-para-uma-empresa/67438

- O que são valores pessoais?

https://www.pontorh.com.br/que-sao-valores-pessoais-exemplos

DIFICULDADE ☑☐☐☐☐

Mamão com açúcar!

Ajude um amigo hoje #11

Dica: Não pense muito, apenas faça.

Compartilhe: Você conseguiu ajudar um amigo hoje? Se não, por quê? Se sim, como?

REALIZADA ☐ TOTALMENTE ☐ PARCIALMENTE ☐ INICIALMENTE

Esta é uma dica autoexplicativa. Parece não ser muito difícil entendê-la, mas o que está por trás dela é bem mais profundo.

Tudo bem, você pode me dizer: eu ajudo amigos e amigas todos os dias; o que isso tem a ver com sustentabilidade?

Devemos sempre lembrar que a sustentabilidade engloba as questões sociais como um todo, não somente a nossa interação com o meio ambiente. Assim, quando você cuida de um amigo, está automaticamente ajudando a criar um mundo melhor para todos. Se ainda não consegue acreditar, pesquise nos Objetivos de Desenvolvimento Sustentável (ODS) os tópicos relacionados ao desenvolvimento humano e aos cuidados de que precisamos na nossa sociedade.

Ter uma atitude altruísta provocará efeitos positivos também em você. A vontade de ajudar o próximo deve vir do coração, sem esperar nada em troca.

Mas por quê? Bem, creio que seja uma resposta muito simples. Como exemplo, imagine que um amigo seu está precisando de ajuda, mas é uma pessoa muito fechada e tem vergonha de pedir (seja qual for o motivo). Você percebeu isso e resolveu se oferecer, porque está preocupado com ele. No decorrer de uma conversa, você descobre que o problema é mais sério do que você pensava e que esse amigo não teria como solucioná-lo sem sua ajuda. Aqui está o motivo: o simples fato de saber que pode fazer algo por alguém que precisa de você.

Vivemos em um mundo onde pouco se olha para o lado, para o vizinho, para o próximo. Estamos cada vez mais ficando individualistas. Mudar é difícil, ainda mais quando se trata de questões humanas. Por essa razão, pequenas ações, como ajudar um amigo, se tornam gestos grandes e significativos, que ensinam às pessoas ao seu redor sobre a importância dos laços afetivos e sobre como você pode fazer a diferença no dia de alguém.

Uma ação por vez, mesmo que pequena, transforma o mundo enormemente. Comece agora!

REFERÊNCIAS

Filme

- *A corrente do bem* (2000)

Site

- **Ajude um amigo em necessidade:** https://fbnewsroomus.files.wordpress.com/2017/04/ajude-um-amigo-em-necessidade.pdf

DIFICULDADE ☑☐☐☐☐
Fácil demais!

Faça xixi no banho #12

Dica: Precisa de alguma?
Compartilhe: Foi muito difícil fazer xixi durante o banho?

REALIZADA ☐ TOTALMENTE ☐ PARCIALMENTE ☐ INICIALMENTE

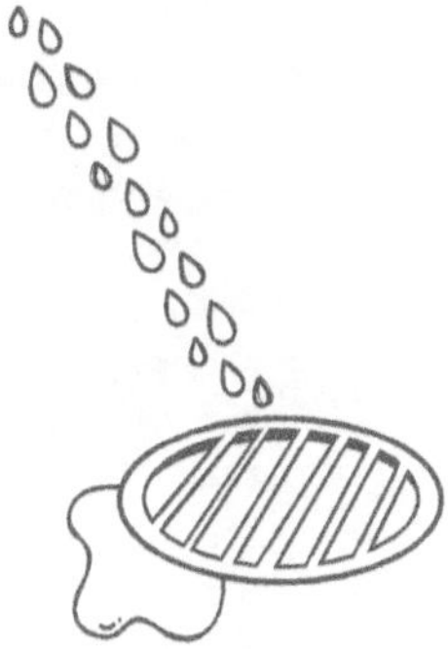

Pode parecer um assunto sem muita importância, e alguns podem achar um pouco esquisito, mas fazer xixi durante o banho é uma ação fácil que pode ajudar a melhorar o planeta! Como? É muito simples e tem a ver com um tema muito discutido atualmente: a água.

O raciocínio é o seguinte: gastamos em média seis litros de água a cada descarga, e um adulto vai em média sete vezes ao banheiro em um dia. No mínimo, gastam-se 42 litros de água por dia para descartar o seu xixi, e na maioria das vezes essa água é tratada e limpa. Imagine ainda quanto não se gasta no verão do Brasil, que tem dias quentes e abafados que nos obrigam a beber muito mais líquido.

É muita água, não?

No site da revista *Exame*, um cálculo simples mostra que, fazendo xixi no banho, uma pessoa que tome um banho por dia poupará, em um ano, 2.190 litros de água!

Fazer xixi no banho, assim como tomar banhos mais rápidos, ajuda muito na luta contra o desperdício, e você não precisa nem mesmo fazer esforço!

Na campanha "Xixi no Banho", da organização SOS Mata Atlântica, que fez sucesso mundial em redes sociais, reportagens e anúncios, médicos atestam que não há nenhum problema em fazer xixi no banho com água correndo. E, de preferência, sempre "mirando" no ralo. É tão simples quanto parece!

Então, durante o dia de hoje (ou amanhã, caso esteja lendo este capítulo à noite), meu desafio é que tente fazer xixi durante o banho. E, óbvio, economize água sempre!

REFERÊNCIAS

Vídeos

- Campanha xixi no banho, da SOS Mata Atlântica:

https://www.youtube.com/watch?v=dmvbjs1q90M

https://www.youtube.com/watch?v=w8wPIgpxygI

Sites

- Cálculo de água gasta nas atividades diárias:

https://exame.abril.com.br/ciencia/a-matematica-e-clara-urinar-no-banho-pode-salvar-o-mundo

http://www.gazetadopovo.com.br/vida-e-cidadania/saiba-a-quantidade-de-agua-que-voce-gasta-nas-atividades-diarias-a5ehn0akx1we77po5nineomry

DIFICULDADE ☑☑☑☐☐

Procure com atenção!

Coma um produto orgânico ou, quem sabe, mais #13

Dica: Coma sempre que puder!

Compartilhe: Gostou dos produtos orgânicos? Foi difícil achá-los?

REALIZADA ☐ TOTALMENTE ☐ PARCIALMENTE ☐ INICIALMENTE

Comer é um dos prazeres da vida, não acha? Mas precisamos tomar muito cuidado com os alimentos que ingerimos. Sabemos que comidas muito gordurosas fazem mal à saúde, por exemplo. Mas muitos de nós ignoram o fato de que mesmo alguns vegetais também podem ser prejudiciais pela forma como foram plantados.

Vamos começar explicando o que é um produto orgânico.

Um produto orgânico nada mais é do que um alimento cultivado sem a utilização de agrotóxicos, hormônios, drogas veterinárias, adubos químicos, antibióticos ou transgênicos em qualquer fase da produção, ou seja, o alimento (seja ele de origem vegetal ou animal) deve crescer naturalmente, longe de quaisquer produtos sintetizados que interfiram de alguma forma em seu organismo (seja para acelerar ou atrasar o crescimento, seja para proteger plantações contra pragas, como fazem os pesticidas).

Os benefícios que os alimentos orgânicos trazem vão muito além dos efeitos para a saúde humana. O não uso de produtos químicos ajuda o solo a se manter mais saudável, diminuindo a poluição ambiental; além disso, os orgânicos protegem a biodiversidade. Enfim, são muitas as vantagens de se consumir produtos orgânicos!

Há diversos tipos de produtos orgânicos espalhados pelos supermercados com selos que os certificam. O IBD, por exemplo, é uma certificadora brasileira que também atua no exterior, e tem um selo focado no Brasil, chamado "Produto Orgânico Brasil", e outro chamado "USDA Organic", voltado para o mercado norte-americano.

Uma diferença importante nos produtos orgânicos é o preço: eles normalmente são um pouco mais caros; no entanto, o bem que fazem no longo prazo vale o investimento. O preço é mais alto porque a maioria dos produtos orgânicos ainda não é produzida e distribuída em larga escala, como os alimentos tradicionais.

Caso não os encontre em nenhum supermercado próximo a você, saiba que existem feiras específicas para esses produtos!

Poderíamos falar sobre a variedade dos produtos orgânicos, porém este capítulo se estenderia demais! Por isso, desafio você, por um dia inteiro, se possível, a comer apenas produtos orgânicos. Faça um jantar para sua família ou lanches para seus filhos levarem para a escola, ou até mesmo sugira a seus colegas que consumam apenas orgânicos na próxima reunião de trabalho. Ou então comece comendo apenas um alimento orgânico hoje!

E não se esqueça de compartilhar a sua experiência, além de dizer quais produtos orgânicos, lojas e feiras existem em sua cidade. Vamos tentar um estilo de vida mais saudável e sustentável juntos!

REFERÊNCIAS

Vídeo

– Selos produtos orgânicos, de Jornalismo TV Cultura:
https://www.youtube.com/watch?v=k6XP9bHnDYA

Sites

– O que define um produto orgânico?
http://www.canalrural.com.br/noticias/agricultura/que-define-produto-organico-56619

– Os selos dos produtos orgânicos:
http://ibd.com.br/pt/IbdOrganico.aspx
http://www.ecodesenvolvimento.org/noticias/conheca-os-selos-nacionais-para-produtos-organicos

DIFICULDADE ☑☐☐☐☐
Facílimo!

Veja quais produtos da sua casa têm selo do Procel de energia eficiente #14

Dica: É só olhar nos seus eletrodomésticos!
Compartilhe: Achou algum produto? Quantos e quais?

REALIZADA ☐ TOTALMENTE ☐ PARCIALMENTE ☐ INICIALMENTE

Antes de mais nada: você sabe o que é o selo Procel? Se sim, temos alguém preocupado com o meio ambiente aqui! Se você não sabe, mas está lendo este livro, é porque quer aprender mais e se preocupa também.

Por acaso, no trabalho, em casa ou até mesmo em uma loja de eletrodomésticos, você já passou perto de uma geladeira e reparou que havia um adesivo de uma lâmpada amarela e preta com uma carinha feliz e um contorno vermelho em volta? Sim? Bem, esse é o logo do Procel. O selo serve para guiar o consumidor e informar sobre equipamentos eletroeletrônicos, eletrodomésticos, lâmpadas, reatores, bombas e motores mais eficientes e que consomem menos energia.

Neste tópico, retomamos uma discussão muito importante e recorrente: o desperdício de energia. É fundamental que saibamos a importância da energia em nossas vidas e como ela, em alguns casos, não é completamente renovável. Hoje, o Brasil utiliza, na maioria dos lugares, a fonte de energia das hidrelétricas, que é melhor para o meio ambiente se comparada às outras fontes, mas que não é perfeita, pois a água utilizada para gerar energia acaba alagando os espaços em que as hidrelétricas são construídas, e porque elas requerem bastante manutenção.

Muitos eletrodomésticos e sistemas de iluminação têm um consumo alto de energia, principalmente os mais antigos. Como exemplo, pensemos no ar-condicionado. É um aparelho usado habitualmente no verão, e em alguns locais do Brasil o ano todo. Imaginemos quando está ligado em um local cheio de frestas ou aberto (o que não é a situação ideal). Enfim, precisamos de "cuidados específicos" para não gastar muita energia (e dinheiro) com esses equipamentos.

Além desses cuidados, o selo Procel foi criado para que tenhamos mais segurança ao adquirir um equipamento, porque é uma garantia de que teremos mais retorno por nossos esforços em cuidar do gasto energético. Os selos geralmente possuem uma gradação de A a E, sendo A uma barra verde (mais eficiente) e E uma barra laranja (menos eficiente). O Inmetro também assina este selo, auditando-o e certificando-o.

Por isso, hoje mesmo, verifique quantos equipamentos em sua casa têm o selo! E, de preferência, com "nota" A! Na próxima vez que precisar comprar um equipamento ou uma lâmpada, busque o selo mais eficiente. Tanto a natureza quanto o seu bolso (porque, lembremos, a energia está cara) agradecem!

REFERÊNCIAS

Vídeo

– Etiqueta Procel:
https://www.youtube.com/watch?v=SLhn83rdsk4

Sites

– Eletrodomésticos e seus gastos:
https://economia.uol.com.br/noticias/redacao/2013/02/15/veja-os-eletrodomesticos--que-gastam-mais-energia.htm
http://diariogaucho.clicrbs.com.br/rs/dia-a-dia/noticia/2015/02/saiba-quanto-gasta-cada-aparelho-eletrico-na-sua-casa-4698483.html

– Site oficial do Procel:
http://www.procelinfo.com.br/main.asp?TeamID=%7B88A19AD9-04C6-43FC-BA2E-99B27EF54632%7D

DIFICULDADE ☑☐☐☐☐
Superfácil!

Plante uma árvore #15

Dica: Encontre o lugar adequado e não hesite!
Compartilhe: Conseguiu plantar uma árvore hoje?

REALIZADA ☐ TOTALMENTE ☐ PARCIALMENTE ☐ INICIALMENTE

Todo mundo adora sentar sob a sombra das árvores ou apenas caminhar perto delas, certo? Dá uma sensação de liberdade e um prazer imensurável. O ambiente fica mais fresco e leve perto delas, o clima fica mais puro, e isso tem uma explicação bem simples.

Lembra das aulas de biologia que teve (ou está tendo) sobre o gás carbônico e o oxigênio? Aquelas que explicaram que nós inspiramos o oxigênio, do qual dependemos, e expiramos o gás carbônico? E, por acaso, você lembra que as plantas no geral fazem o processo contrário, o que nos permite sobreviver? Essas aulas explicam, de uma forma bem completa, a importância das árvores. Além disso, as árvores ajudam no ciclo das águas, na temperatura do ambiente, na morada dos animais, entre muitas outras funções.

O Greenpeace noticiou que, no final de 2016, o aumento do desmatamento da floresta amazônica, uma das maiores do mundo, foi de 29%, o que é muito para apenas um ano. É muito triste e temos que mudar isso, principalmente protegendo aquelas árvores que ficam ao longo dos nossos rios, que servem como os cílios para os nossos olhos, filtrando, segurando a terra e fazendo com que os rios

continuem a existir. Estas são as matas ciliares, que são essenciais para o ciclo da água.

Há muitos bons motivos para se plantar uma árvore. Por isso, escolha um dia livre, leve seu marido, sua esposa, seus filhos ou seus amigos para um passeio e plante uma árvore! Se puder fazer isso no seu próprio quintal, também é uma ótima ideia.

É muito importante que você escolha o local adequado para o plantio, pois há espaços em que depois pode-se derrubar ou matar a árvore. Pesquise no seu bairro, fale com a prefeitura ou a subprefeitura, e verifique se existem espaços públicos que possam ser cuidados pelos moradores. Se for plantar no seu quintal, pense também no espaço que tem disponível e escolha a árvore certa para o plantio.

Caso não seja possível plantar em sua cidade, por qualquer motivo, saiba que há ONGs e grupos que aceitam doações para o plantio e para a proteção das florestas por todo o planeta. Só não se esqueça de verificar se o local para o qual está doando é sério.

Pronto para um ar mais limpo e um ambiente mais leve? Sigamos para um dia mais puro, então!

REFERÊNCIAS

Vídeos

- O desmatamento e o aquecimento global, de TV Folha:
https://www.youtube.com/watch?v=x2iXXqYD0zo

- Plantar uma árvore | Plante esta ideia:
https://www.youtube.com/watch?v=ong1Lr1qwVc

Sites

- Desmatamento:
http://www.greenpeace.org/brasil/pt/Blog/colocando-mais-gasolina-na-motosserra/blog/58707/?gclid=CjwKCAiA4vbSBRBNEiwAMorER5TqYHjYcTMN63zg8DsTvEfFHu4f-qq78q1FKk0b994a1m-zBRuDIyRoCMPgQAvD_BwE

- Respiração em plantas:
http://www.ledson.ufla.br/respiracao_plantas

- Moradores da Mooca se unem para plantar árvores na região:
http://especial.folha.uol.com.br/2016/morar/tatuape-mooca/2016/04/1756685-moradores-da-mooca-se-unem-para-plantar-arvores-na-regiao.shtml

- Instituto Árvores Vivas:
https://www.arvoresvivas.org.br

- O que é aquecimento global?
https://www.ecycle.com.br/1294-aquecimento-global

Diminua seu tempo no banho #16

Dica: Não precisa nem cronometrar, é só prestar atenção.
Compartilhe: Como se sentiu depois de um banho mais curto?

REALIZADA ☐ TOTALMENTE ☐ PARCIALMENTE ☐ INICIALMENTE

Acredito que o título seja autoexplicativo, mas conversar sobre o assunto é sempre muito importante. Sei que o momento do banho é prazeroso e é ótimo para pensar na vida ou cantar, mas diminuir o tempo no banho é necessário (e não é tão difícil)!

Esta ação está diretamente ligada ao consumo exagerado de água e energia elétrica. Caso já tenha lido o Capítulo 12, "Faça xixi no banho", você já conhece um pouco sobre o assunto, mas sempre vale a pena reforçar! Em média, com uma ducha com bastante vazão, um banho de cinco minutos gasta 160 litros de água. Alguns especialistas dizem que esse é o tempo ideal de banho, tanto para a saúde quanto para o meio ambiente.

O Instituto Akatu faz um cálculo simples: caso você fique um minuto a menos no banho todo dia, você irá economizar o suficiente para manter seu celular carregado por cem dias sem deixar de usá-lo. É muita coisa! Em um país que é o recordista mundial em gasto de água, segundo uma pesquisa realizada pela TNS

Global Market Research, você pode ajudar a economizar água e energia com apenas um minuto a menos.

Além disso, há outras práticas sustentáveis que você pode adotar para gastar menos água. Por exemplo, quando for se ensaboar, desligue o chuveiro e só religue quando for tirar o sabão. O mesmo vale para quem se depila durante o banho.

Além de tomar banho mais rápido, fazer xixi no banho, como menciono no Capítulo 12, também ajuda o meio ambiente: alguns estudos calculam que, ao usar a água do banho em vez da descarga, um adulto economiza mais de quarenta litros de água por dia!

Existem chuveiros com cronômetros que, depois de um tempo, começam a apitar. Alguns, mais modernos, desligam após determinado tempo. Outra opção, mais simples, é usar o *timer* do seu celular ou relógio para te lembrar de desligar o chuveiro. Segundo a ONU, o banho não deve passar de 10 minutos.

O banho é um momento de relaxamento e descanso, ainda mais depois de um dia cheio e estressante, mas ele também pode se tornar um momento consciente caso tomemos os cuidados citados. Pois, além de economizar água, você estará economizando energia e dinheiro!

Está pronto para um banho mais consciente? Sim? Então economize hoje mesmo e vamos para a próxima ação!

REFERÊNCIAS

Vídeos

– Desperdício de água, do Sebrae:
https://www.youtube.com/watch?v=TmETY1s_CRs

– Turma da Mônica - Economizar água (para crianças):
https://www.youtube.com/watch?v=SlfpR8IgQeY

Sites

– Banho de cinco minutos é bom para a pele e para o meio ambiente:
http://www.ecodesenvolvimento.org/posts/2011/novembro/banho-de-5-minutos-e-bom-para-a-pele-e-para-o-meio

– Banho passou de 10 minutos? É desperdício:
https://exame.abril.com.br/tecnologia/banho-passou-de-10-minutos-e-desperdicio

DIFICULDADE ☑☐☐☐☐
Fácil demais!

Recolha seu lixo do dia #17

Dica: Pegue um saco e vá recolhendo tudo o que você joga fora!

Compartilhe: Como se sentiu depois de recolher os seus resíduos por um dia inteiro?

REALIZADA ☐ TOTALMENTE ☐ PARCIALMENTE ☐ INICIALMENTE

Essa ação pode não parecer a mais higiênica de todas, mas ela é importante para que aprendamos com uma atitude o que uma palestra sobre conscientização não consegue esclarecer. Muitos de nós precisam vivenciar a experiência para entendê-la, por isso essa ação.

Você sabe quanto lixo sólido é produzido, por ano, no Brasil? Só na cidade de São Paulo, são 1.393 quilos por habitante! Você consegue se imaginar produzindo quase um quilo e meio de lixo por dia? Para você ter uma ideia, pegue um saco de açúcar de 1 kg e mais metade de outro saco.

Recolher seu lixo por um dia inteiro te ajudará a entender o quanto nossa sociedade produz resíduos.

O ideal é que você recolha todo o seu lixo, até mesmo quando for ao banheiro. Leve duas sacolas dentro da bolsa: uma para resíduos orgânicos e outra para recicláveis, e guarde tudo o que consumir, desde papéis de bala até copinhos de plástico usados durante o dia de serviço ou estudo.

Quando chegar ao fim do dia, pese as sacolas para ver o quanto de resíduos sólidos você gerou.

O mais importante é que você aprenda a importância da reciclagem e da reutilização, dois termos muito importantes para a saúde ambiental e comentados neste livro! Além disso, sempre podemos procurar opções que geram menos resíduos, como carregar uma garrafinha de água em vez de usar os copos plásticos no trabalho ou na escola.

Esta ação precisa ser muito visual, porque poucos conseguem ter noção do que é uma tonelada de qualquer coisa, já que a maioria de nós não trabalha com medidas de peso no dia a dia.

Escolha um dia e comece a reunir seu lixo! À noite, lembre-se de separar os resíduos para reciclagem, e tente começar a diminuir o lixo que produz. Vamos batalhar por um mundo melhor!

REFERÊNCIAS

Vídeos

– O que cada um pode fazer para produzir menos lixo, do Senado Federal:
https://www.youtube.com/watch?v=JAvRK1dO8AE

– Resíduos sólidos, do Programa Água Brasil:
https://www.youtube.com/watch?v=MiuIckYJfQY

Sites

– A produção de lixo sólido no Brasil:
https://exame.abril.com.br/tecnologia/quanto-lixo-os-brasileiros-geram-por-dia-em-cada-estado

http://www.correio24horas.com.br/noticia/nid/lixo-produzido-anualmente-pelo-brasil-encheria-206-estadios-do-morumbi

– PDF da Abrelpe com um panorama dos resíduos sólidos no Brasil:
http://www.abrelpe.org.br/Panorama/panorama2016.pdf

DIFICULDADE ☑☑☐☐☐

Fácil, fique de olho!

Procure produtos com o selo FSC #18

Dica: Descubra quais são os produtos que têm o selo; verifique em sua casa e no seu trabalho!

Compartilhe: Encontrou muitos? Que tipo de produto? Divulgue!

REALIZADA ☐ TOTALMENTE ☐ PARCIALMENTE ☐ INICIALMENTE

Nada mais justo que começar explicando o que é esse selo. O Forest Stewardship Council (FSC), ou Conselho de Manejo Florestal, é uma organização que foi fundada para contribuir com o manejo florestal responsável ao redor do mundo, ou seja, uma organização (sem fins lucrativos) que visa promover os cuidados necessários para o uso responsável das florestas e dos plantios. O selo FSC também é uma ferramenta de controle da produção florestal.

Um dos maiores problemas do Brasil hoje é o desmatamento ilegal, assim como a utilização de qualquer recurso que venha de nossas florestas. Porém, a maior parte da população não está sendo bem informada sobre esse tema e consome produtos feitos por meio dessa transgressão. Mesmo com a diminuição do desmatamento na floresta amazônica desde 2016, tivemos um aumento de 60% do desflorestamento na Mata Atlântica apenas em 2017. Isso faz com que essa questão ainda seja muito debatida e posta em evidência.

O FSC e, consequentemente, seus selos, foram criados para garantir que houvesse um uso correto e não exagerado das matérias-primas retiradas das florestas e dos plantios de áreas específicas. Além disso, o selo é um incentivo ao reflorestamento, porque os recursos não são eternos e precisam desse cuidado.

Entendendo isso e lembrando a importância de não consumir produtos produzidos por meio de atividades ilegais, sugerimos que você procure a maior quantidade de produtos com o selo FSC que conseguir. Primeiro, em sua casa e no trabalho, e depois em lojas e supermercados.

Existem muitas opções no mercado – produtos de beleza, papéis, móveis e até materiais escolares, como lápis de cor. Então, você só precisa procurar pelo selo FSC, que deve estar na embalagem ou colado no móvel, e pronto!

Divulgue sempre! Não se esqueça de sugerir aos seus colegas de trabalho e de escola a utilização desses produtos.

REFERÊNCIAS

Vídeos

– Consequências do desmatamento:
https://www.youtube.com/watch?v=EU_Xt1Pd-Ro

– O desmatamento (para crianças):
https://www.youtube.com/watch?v=HktsC921d44

– Money, do WWF:
https://www.youtube.com/watch?v=j-l8GvMCir4

Sites

– Site oficial do FSC:
https://br.fsc.org/pt-br

– O desmatamento da Mata Atlântica:
http://agenciabrasil.ebc.com.br/geral/noticia/2017-05/desmatamento-na-mata-atlantica-cresce-quase-60-em-um-ano

– O desmatamento da floresta amazônica:
http://epocanegocios.globo.com/Mundo/noticia/2017/11/brasil-anuncia-reducao-de-28-do-desmatamento-da-amazonia-entre-2016-e-2017.html

DIFICULDADE ☑☐☐☐☐
Facílimo!

Seja voluntário por um dia #19

Dica: Encontre uma instituição ou pessoa que precise de ajuda e não hesite em agir!

Compartilhe: O que achou da experiência? Foi difícil ser voluntário?

REALIZADA ☐ TOTALMENTE ☐ PARCIALMENTE ☐ INICIALMENTE

Um mundo sustentável se cria com o cuidado em relação não só ao meio ambiente, mas também aos seres humanos. Os Objetivos de Desenvolvimento Sustentável (ODS) da ONU ressaltam muito bem o cuidado com a vida humana e como ela é frágil de diversas maneiras. Sete dos dezessete objetivos propostos pela ONU são voltados para uma melhor qualidade de vida humana (englobando diversos assuntos, como saúde, educação, igualdade e trabalho).

São muitos temas diferentes nos ODS, e não será apenas um grupo de pessoas que conseguirá alcançar todos eles. Além das causas humanitárias, há diversas outras que precisam de apoio. Tornar decente a qualidade de vida da maioria é um trabalho árduo.

Cuidar do próximo é uma ação que todos nós precisamos aprender, e nada melhor do que começar sendo voluntário por um dia. Existem muitas formas diferentes de ajudar. Você pode escolher a que melhor se adéqua às suas possibilidades e aos seus horários.

Seja trabalhando em uma creche, entregando comida para pessoas em situação de rua ou cuidando de animais abandonados, você pode começar por onde desejar. Um dia não fará muita diferença para você, mas impactará a vida de quem precisa dessa ajuda ou de uma simples atenção, como um idoso em uma casa de repouso. Você pode apoiar as instituições e ONGs que querem fazer alguma diferença.

E não se esqueça: isso não fará bem apenas às pessoas que você ajudar, mas a você também! Organize sua agenda hoje e seja voluntário por um dia.

REFERÊNCIAS

Vídeo

- Portal do voluntariado, do governo de Brasília:

https://www.youtube.com/watch?v=10bsB1g1eDs

Sites

- Diversas opções de voluntariado:

https://www.atados.com.br

- Os ODS da ONU:

https://nacoesunidas.org/pos2015/agenda2030

DIFICULDADE ☑☑☑☐☐

Dedique-se!

Seja voluntário sempre #20

Dica: Encontre uma instituição com a qual você se identifique e torne-a parte de sua vida!

Compartilhe: O que mudou para você desde que se tornou um voluntário assíduo?

REALIZADA ☐ TOTALMENTE ☐ PARCIALMENTE ☐ INICIALMENTE

Se você está lendo este livro em ordem, já tem alguma noção do quanto o voluntariado é necessário, graças ao Capítulo 19. No entanto, este é um livro que pode ser lido em qualquer ordem, e sempre vale a pena reforçar uma mensagem importante.

O voluntariado ajuda a mudar vidas, a deixar os dias de pessoas que precisam dessa ajuda (ou só de um pouco de atenção) mais confortáveis e mais alegres. Sem contar, claro, o bem que faz para quem é voluntário! Este capítulo é um pouco diferente do Capítulo 1, "Gentileza gera gentileza", porque, aqui, o voluntário vai lidar com pessoas (e até mesmo animais) que realmente precisam de um cuidado especial. Não basta apenas ser gentil com uma pessoa que faz parte do seu dia a dia.

Atualmente, cada vez mais grupos e instituições têm necessitado de ajuda para continuar seu trabalho de melhorias para a sociedade e o planeta. E essa atuação precisa ser constante: não acaba em um dia, uma semana ou um mês. A própria Organização das Nações Unidas (ONU) tem uma página especialmente voltada para o voluntariado explicando como você pode se inscrever no programa deles, que dura seis meses ou mais.

No Brasil, existe uma lei do voluntariado, que determina a necessidade de haver um contrato de trabalho entre o voluntário e a organização, para que não haja problemas trabalhistas, por exemplo. É a Lei nº 9.608, de 18 de fevereiro de 1998. Se for de seu interesse, busque mais informações sobre ela.

É fundamental pensar em continuidade, pois o trabalho voluntário precisa ser de longo prazo. Mudanças sociais e ambientais não acontecem do dia para a noite. Claro que o trabalho deve ser sempre feito dentro de suas possibilidades; por exemplo, se você tiver horários livres apenas às terças, já é o suficiente para o trabalho voluntário. Por isso, depois de testar por um dia (como comento no Capítulo 19), sugiro que seja um voluntário constante e transforme o dia de alguém.

Busque sites e grupos de voluntariado, pois eles ajudarão você a ser um voluntário melhor. Além disso, comente com seus amigos suas ações de trabalho voluntário para engajar cada vez mais pessoas, mostrando como é simples e muito gratificante.

REFERÊNCIAS

Vídeos

- Programa de voluntários da ONU:

https://www.youtube.com/watch?v=JsFiAgQmssA

https://www.youtube.com/watch?v=3ls_B76Ys1s

Sites

- O bem que a prática solidária faz:

https://www.zigzagzen.com.br/blog/faz-bem-fazer-o-bem-praticar-solidariedade-e-bom-para-saude

- Página da ONU brasileira dedicada ao voluntariado:

https://nacoesunidas.org/vagas/voluntariado

- Centro de voluntariado de São Paulo, com várias dicas e informações:

http://www.voluntariado.org.br

- Voluntariado em geral:

https://www.atados.com.br

http://www.ongsbrasil.com.br

http://voluntarios.com.br

http://www.parceirosvoluntarios.org.br

DIFICULDADE ☑☑☐☐☐

Fácil, só depende da sua vontade!

Feche a torneira e coloque um temporizador nela #21

Dica: Verifique as torneiras que você tem em casa ou no escritório e diminua a vazão de água.

Compartilhe: Quantas torneiras você modificou na sua casa ou na sua empresa?

REALIZADA ☐ TOTALMENTE ☐ PARCIALMENTE ☐ INICIALMENTE

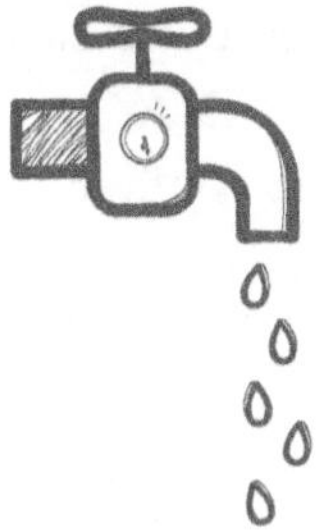

Você sabe quantos litros de água uma pessoa gasta ao escovar os dentes com a torneira aberta? Doze litros. E para lavar a louça, também com a torneira aberta, por quinze minutos? 117 litros. Preocupante, não?

A verdade é que nós não temos consciência de quanta água gastamos nas nossas atividades básicas do dia a dia. Em outros capítulos, tratamos do desperdício de água ao usar o banheiro ou ao tomar banhos muito longos. Não é diferente para a torneira (tanto do banheiro quanto da cozinha ou do tanque da área de serviço, que pode chegar a gastar 279 litros).

A água é um dos recursos mais importantes para a sobrevivência do ser humano, e por isso é importante ter muito cuidado ao utilizá-la.

Nas torneiras de casa, a ação é bem simples: basta mantê-las fechadas enquanto estiver executando suas tarefas. Vamos usar um exemplo: escovar os dentes. O gasto dessa ação com a torneira aberta, como dissemos, é de doze litros de água, mas você pode reduzir essa quantidade para apenas meio litro fazendo o seguinte: feche a torneira após molhar a escova e escove os dentes mantendo a torneira fechada. Para o enxágue bucal, deixe um copo reservado com água. Uma grande diferença, não é?

Outra opção para as torneiras é adequar um aerador e um temporizador a elas, principalmente nas de banheiros. Um aerador é uma peça que fica no bico da torneira e faz com que a água saia em gotinhas, e não em jato. E uma torneira temporizada é aquela com tempo contado para escoar o mínimo de água possível, que você aperta ou que possui um sensor para ligar. Nelas, a água escorre durante um tempo e depois para. É o caso das torneiras da maioria dos banheiros públicos e de *shopping centers*.

A ação para este capítulo, então, nada mais é do que separar um dia para passar a prestar muita atenção no quanto você gasta de água. Mantenha suas torneiras fechadas enquanto estiver executando tarefas que possibilitem isso. Não hesite em colocar um aerador em suas torneiras e, quem sabe, trocar as comuns pelas temporizadas!

Não se esqueça de que seu bolso também agradece pelo alívio na conta de água que você obtém em casa com todas essas ações!

REFERÊNCIAS

Vídeos

– Torneira temporizada:
https://www.youtube.com/watch?v=uG_D564kVaA

– Arejador para torneiras:
https://www.youtube.com/watch?v=wYRESMC8fMc

Sites

– O uso consciente da água:
http://site.sabesp.com.br/site/interna/Default.aspx?secaoId=595

– A quantidade de água gasta ao escovar os dentes:
http://revistacasaejardim.globo.com/Casa-e-Jardim/Casa-e-Jardim-se-importa/noticia/2016/01/fechar-torneira-ao-escovar-os-dentes-qual-e-economia-real.html

DIFICULDADE ☑☑☑☐☐
Necessita de uma boa pesquisa!

Compre produtos de comércio justo #22

Dica: Entre em contato com o produtor e faça suas compras diretamente.

Compartilhe: Foi muito difícil praticar o comércio justo?

REALIZADA ☐ TOTALMENTE ☐ PARCIALMENTE ☐ INICIALMENTE

Para entender este capítulo, primeiro é necessário explicar o que é comércio justo (CJ). É um movimento internacional que procura gerar benefícios ao produtor. Participam dessa atividade produtores, importadores licenciados e *world shops*. Esse tipo de comércio é uma alternativa para que pequenos empreendedores tenham acesso ao mercado mundial com mais facilidade e de forma mais justa. Ele garante, por meio de processos, auditorias e certificações, as condições justas aos pequenos produtores (e não uma ajuda assistencialista). Existe também o selo Fair Trade, que é concedido pelas iniciativas nacionais (movimentos organizados que mantêm entidades de certificação e promovem empresas e produtos) ou pela Fairtrade Labelling Organizations International (FLO).

O intuito deste capítulo é incentivar o aumento do consumo de produtos desenvolvidos pelo comércio justo. Você encontrará alguns produtos do agronegócio, do artesanato e de confecções manuais de pequenos produtores tanto do meio rural quanto do urbano.

Mas por que comprar esses produtos?

Um dos objetivos do comércio justo é garantir, por meio de auditorias, que os direitos humanos e ambientais sejam respeitados durante a produção e a venda dos produtos finais. Contudo, é sempre necessário lembrar que as relações sociais e comerciais estabelecidas entre produtores e o mercado são muito complexas.

A importância de comprar esses produtos vai além dos objetivos nobres que o comércio justo busca. Consumir produtos de pequenos produtores e pequenas empresas locais ajuda a alavancar a economia da sua cidade, de seu estado e do país. E também ajuda as pessoas que vivem dessas atividades a sobreviverem em um mercado que é altamente competitivo e predatório.

Por isso, se já não é uma prática sua, comece hoje a procurar e a consumir produtos dessa origem. E também incentive amigos e parentes a consumi-los. Muitos resultados positivos vão surgir para todos!

REFERÊNCIAS

Vídeos

– O comércio justo ajuda o trabalhador?

https://www.youtube.com/watch?v=gel8ZzYRl4Q

– Comércio justo e solidário, do Sebrae:

https://www.youtube.com/watch?v=DenxTp6LW0o

Sites

– O que é Fair Trade (Comércio Justo), do Sebrae:

http://www.sebrae.com.br/sites/PortalSebrae/artigos/o-que-e-fair-trade-comercio-justo,82d8d1eb00ad2410VgnVCM100000b272010aRCRD

– Sobre comércio justo:

https://www.cidac.pt/index.php/o-que-fazemos/comercio-e-desenvolvimento/comercio-justo

http://www.benandjerry.com.br/valores/questoes-com-as-quais-nos-preocupamos/comercio-justo

DIFICULDADE ☑☑☑☐☐

Precisa suar um pouco!

Colete água da chuva #23

Dica: Tenha sempre um balde em casa.

Compartilhe: Foi muito difícil montar o seu recipiente de coleta de chuva?

REALIZADA ☐ TOTALMENTE ☐ PARCIALMENTE ☐ INICIALMENTE

A água é um dos bens mais preciosos que o ser humano possui, e um dos maiores temores da humanidade é a sua falta. Diversos cuidados são indicados para que possamos proteger a quantidade de água doce disponível no planeta. Mas, mesmo que mantenhamos a torneira fechada enquanto lavamos a roupa ou escovamos os dentes, é óbvio que precisaremos utilizar a água em outros momentos. Eletrodomésticos "inteligentes", como a máquina lava-louça, que economiza água por causa do modo como faz a lavagem, podem ajudar a economizar.

No Brasil, em 2016, o estado que mais utilizava água por pessoa era o Rio de Janeiro, com 253 litros de água por dia, sendo que a média dos brasileiros, em uma contagem geral, ficou entre 166 e 180 litros de água por pessoa. É realmente muito líquido usado por dia. Por esse motivo, há tantos programas de conscientização no país. Todo o estado de São Paulo, além de Brasília e outras cidades, passaram por crises hídricas nos últimos anos, fazendo com que a população desenvolvesse formas de economizar e reutilizar a água.

Coletar água da chuva é uma das formas encontradas de reaproveitar a água para tarefas domésticas, como lavar a calçada, lavar o carro, molhar as plantas e dar descarga no vaso sanitário. Mas não se esqueça de que a água da chuva não é potável, porque pode conter partículas tóxicas geradas pela poluição.

Você pode colocar bacias na sacada do seu apartamento na hora da chuva ou ainda adaptar um tonel (daqueles velhos) no cano da calha da sua casa. Ou, ainda, colocar baldes nos locais em que a água da chuva mais se desloca no telhado. Nas referências deste capítulo, você vai ver algumas sugestões de como coletar a água da chuva. Mas existem muitas outras formas, basta pesquisar um pouco. Já existem, inclusive, produtos específicos para essa função, como cisternas adaptadas a calhas do telhado.

Mãos à obra! Economize água e também dinheiro!

REFERÊNCIAS

Vídeos

– Dicas para coletar água da chuva:

https://www.youtube.com/watch?v=yaYcSGenjho

https://www.youtube.com/watch?time_continue=1&v=jgYCYx7Ytlc

https://www.youtube.com/watch?v=SAamgpfyQ1c

Sites

– Orientação para a coleta de água do Governo do Estado do Paraná:

http://www.educadores.diaadia.pr.gov.br/arquivos/File/cadernos_tematicos/orientacao_coletar_agua_chuva.pdf

– Captação de água da chuva: conheça as vantagens e cuidados necessários para o uso da cisterna:

https://www.ecycle.com.br/component/content/article/43-drops-agua/3301-o-que-e-cisterna-tecnologia-projeto-sistema-solucao-alternativa-aproveitamento-reaproveitamento-reuso-captacao-coleta-agua-chuva-pluviais-reservatorio-armazenamento-deposito-caixa-de-agua-casa-condominio-consumo-humano-como-onde-encontrar-comprar.html

Doe sangue #24

Dica: Procure um hospital de sua cidade. Os hospitais estão sempre recebendo doações.

Compartilhe: O que achou da experiência?

REALIZADA ☐ TOTALMENTE ☐ PARCIALMENTE ☐ INICIALMENTE

Esta ação é autoexplicativa. Você com certeza já viu na televisão alguma campanha de incentivo à doação de sangue. Muitas pessoas doentes precisam receber sangue por diversos motivos – durante uma cirurgia, por causa de um acidente em que a pessoa perdeu muito sangue, para reposição por uma anemia ou alguma outra razão médica.

Tenho uma colega que passou recentemente por uma cirurgia no coração; por habilidade médica, sorte ou intervenção divina (depende daquilo em que você prefere acreditar), ela não precisou receber sangue. Contudo, depois de tantas histórias que ela ouviu dentro do hospital, ela mesma passou a fazer diversas campanhas para que outras pessoas doassem sangue. Uma prova de que, às vezes, nós só entendemos a necessidade ouvindo casos difíceis de vida ou morte.

Doar sangue é uma das coisas mais altruístas que uma pessoa pode fazer, pois a sua maior recompensa será saber que contribuiu para a valorização de uma vida, mesmo sem saber, muitas vezes, para quem foi a sua bolsa de sangue.

Caso esteja se questionando sobre como este tópico está ligado à sustentabilidade, é só verificar os Objetivos de Desenvolvimento Sustentável (ODS) da ONU que se relacionam à vida humana em geral (o terceiro objetivo, mais especificamente). A vida humana é preciosa e deve ser valorizada. Hoje, os hospitais fazem diversas propagandas, entregando panfletos sobre conscientização nas ruas ou dentro dos próprios hospitais, ou divulgando na internet, para os pacientes aconselharem suas famílias. No entanto, falta o mais importante: ação.

Por isso, a ação de hoje é que você vá até o hospital mais próximo e doe sangue. Não se esqueça de que existem requisitos básicos e impedimentos temporários ou definitivos; por isso, é sempre bom fazer um exame de sangue antes, caso tenha dúvidas. Se, por algum motivo, você não puder doar, explique a importância dessa atitude para seus familiares e amigos e os incentive a fazer isso.

Nesta ação, talvez mais do que nas outras, o engajamento de todos é fundamental.

REFERÊNCIAS

Vídeos

- Doação de sangue (passo a passo):
https://www.youtube.com/watch?v=HRPoREa6r6s

- Desafio da doação de sangue, do Dr. Drauzio Varella:
https://www.youtube.com/watch?v=wDjm8TAKqys

Sites

- Como e onde doar:
http://www.prosangue.sp.gov.br/home/Default.aspx
http://www.santacasasp.org.br/portal/site/doe-sangue/doacao

- Os Objetivos de Desenvolvimento Sustentável (ODS) da ONU:
https://nacoesunidas.org/pos2015/agenda2030

DIFICULDADE ☑☑☐☐☐

É só se inscrever!

Corra por uma causa #25

Dica: Procure uma maratona beneficente em sua cidade. Caso não encontre nenhuma, deixe a sugestão a um organizador!

Compartilhe: O que achou da experiência?

REALIZADA ☐ TOTALMENTE ☐ PARCIALMENTE ☐ INICIALMENTE

A maratona, a meia maratona e a corrida de rua são atividades físicas que estão ganhando espaço na mídia e passando a ser praticadas por diversos perfis de pessoas. Grandes eventos dessas modalidades têm acontecido em cada estado, em diversos municípios, pelo menos uma vez ao ano.

Praticar qualquer tipo de exercício de maneira correta é bom para a saúde de todos. E só isso já é um bom motivo para começar a participar de maratonas ou corridas de rua. É sempre necessário manter o acompanhamento médico e o preparo adequado para que seu corpo aguente uma corrida e não aconteçam imprevistos.

As maratonas ou corridas de rua, sejam de cinco, oito, doze ou mais quilômetros, servem para pensarmos na saúde e no desafio de completar o trajeto. Contudo, os organizadores e participantes também podem pensar em organizar um evento ainda mais completo, como uma maratona beneficente.

Em Porto Alegre, foi organizado um "treinão" beneficente em 2017 para arrecadar dinheiro para a ONG Renascer Esperança. No autódromo de Interlagos, em São

Paulo, a maratona de revezamento Ayrton Senna Racing Day, promovida pelo Instituto Ayrton Senna, completou, em 2017, seu 14º aniversário. Todas as inscrições são revertidas para o instituto, que beneficia 1,8 milhão de crianças e jovens em todas as regiões do país, oferecendo educação pública de qualidade. Existem muitas outras instituições e ONGs que precisam de ajuda. Organizar um evento do qual muitas pessoas queiram participar rende ótimos resultados para todos os envolvidos.

A ação sugerida desta vez é que você participe como corredor de uma maratona beneficente. Caso não haja nenhuma na sua cidade ou, por algum motivo, você não possa correr, ou ainda esteja se preparando, sugira que seja feita uma no seu bairro ou na sua cidade, e incentive os amigos a participarem. Mexa-se e tenha um propósito!

REFERÊNCIAS

Vídeos

- Convite para a 11ª corrida e caminhada GRAACC:
https://www.youtube.com/watch?v=UmgULLf_DsY

- Corrida beneficente ajuda entidade que auxilia pacientes com câncer de mama em Sorocaba:
https://www.youtube.com/watch?v=m5ghgrVQMXI

- Drauzio Varella entrevista maratonistas:
https://www.youtube.com/watch?v=0ov8R7gHrZ4

Sites

- Os benefícios da corrida para a coluna:
https://globoesporte.globo.com/eu-atleta/saude/noticia/corrida-fortalece-a-coluna-diz-pesquisa.ghtml

- Os benefícios da corrida para o coração:
http://globoesporte.globo.com/eu-atleta/saude/noticia/2013/07/os-beneficios-que-corrida-pode-proporcionar-saude-do-coracao.html

- O Ayrton Senna Racing Day:
http://www.ayrtonsennaracingday.com.br

DIFICULDADE ☑☑☐☐☐

Fácil! Vença a preguiça!

Use transporte coletivo #26

Dica: Só precisa deixar o carro ou a moto em casa e passar a usar ônibus, metrô ou outros transportes alternativos!

Compartilhe: Foi muito difícil mudar esse hábito?

REALIZADA ☐ TOTALMENTE ☐ PARCIALMENTE ☐ INICIALMENTE

Os carros e as motos são muito mais confortáveis e convenientes, de fato. Porém, existem diversos benefícios em se utilizar o transporte público, principalmente em cidades grandes. O primeiro é a economia financeira. Em épocas de crise, muitas pessoas deixam o carro em casa ou até o vendem para não terem gastos com combustível, seguro e manutenção. Outro ponto é o tempo que você gasta dirigindo, especialmente em grandes cidades, em que o trânsito é muitas vezes infernal. Você poderia estar lendo um livro ou uma revista ou simplesmente descansando. Outro ponto positivo é que o transporte público faz você caminhar e interagir com a cidade.

Além disso, é de conhecimento geral que os maiores causadores da poluição do ar são os transportes particulares. A verdade é que os carros são responsáveis por quase 73% das emissões de gases do efeito estufa, assim como outros gases tóxicos. Se considerarmos que um carro, na maioria das vezes, transporta apenas um passageiro, temos uma proporção de emissão de gases tóxicos muito maior por pessoa.

Essa quantidade e essa diversidade de gases poluentes que os carros liberam afeta tanto o meio ambiente quanto a própria saúde humana – duas perdas inestimáveis e muito sérias a longo prazo. São mais duas boas razões para tentarmos começar a usar ônibus ou outros transportes coletivos.

Os transportes coletivos no Brasil não são os melhores em segurança nem pontualidade – e frequentemente estão lotados –; porém, se você ficar apenas reclamando, nada vai mudar. Começar a utilizá-los e buscar melhorias em políticas públicas é fundamental.

Para utilizar o transporte público, provavelmente você terá que mudar alguns hábitos, como passar a acordar mais cedo ou ter um livro e um guarda-chuva na bolsa, mas verá que o esforço será recompensador. Você saberá que está fazendo isso por uma boa causa e que está construindo um mundo melhor para seus parentes, amigos e filhos. Para ajudar, existem inclusive aplicativos para celular, em algumas cidades grandes, que mostram o itinerário e às vezes até a posição do ônibus no mapa, por meio do gps.

A ação de hoje (ou de qualquer dia da semana em que você consiga se organizar para isso) é testar o uso do transporte público e, aos poucos, ir se acostumando com essa rotina para tentar utilizá-lo sempre.

REFERÊNCIAS

Vídeos

– Como a poluição do ar afeta a nossa saúde?, de BBC Brasil:
https://www.youtube.com/watch?v=6OopxyQd4Bc

– Os tipos de poluição dos veículos automotores:
https://www.youtube.com/watch?v=oHdnEkIJ-a0

Sites

– A poluição causada pelos automóveis:
http://sustentabilidade.estadao.com.br/noticias/geral,carros-transportam-30-dos-passageiros-mas-respondem-por-73-das-emissoes-em-sp,70001806416
https://super.abril.com.br/ideias/automoveis-as-armas-do-ar

– O transporte coletivo e o meio ambiente:
http://www.codepas.com.br/site/wp-content/uploads/2012/03/P%C3%81GINA-4.pdf

DIFICULDADE ☑☐☐☐☐
Superfácil!

Ensine outra pessoa a reciclar #27

Dica: Comece por sua família e pelo círculo mais próximo de amigos; depois, expanda!

Compartilhe: Como foi ensinar outras pessoas? Por quem começou?

REALIZADA ☐ TOTALMENTE ☐ PARCIALMENTE ☐ INICIALMENTE

Até aqui, discutimos diversos assuntos e formas de proteger o meio ambiente e a vida humana em busca do equilíbrio entre ambos, temas que são a base da sustentabilidade.

Um dos tópicos citados neste livro, e que provavelmente é o mais discutido em escolas e empresas, é a reciclagem.

Reciclar é a ação de separar os resíduos sólidos em quatro categorias - metal, papel, plástico e vidro - para que esses objetos retornem ao seu estágio inicial, o de matéria-prima, e assim possam ser transformados em outros produtos e materiais.

Existe uma lista para cada tipo de produto que indica o que pode ser reciclado. Essa lista pode ser colada na parede da sua casa ou ficar visível sobre a sua mesa de trabalho.

Separar os resíduos (lixo) não é difícil. Se você já leu o Capítulo 9 deste livro, tem já algum conhecimento sobre reciclagem, o que torna ainda mais fácil colocar em prática esta ação.

Como acontece com a maioria das ações, é necessário que a reciclagem seja feita em conjunto com o resto da sociedade, para que possamos ter um ambiente mais limpo e mais sustentável. O mais apropriado é começar na sua casa. Ensine como reciclar para as pessoas que moram com você. Informe-se sobre a coleta seletiva de seu bairro e de sua cidade e passe a separar seu lixo com cuidado.

Se você tem crianças em casa, principalmente pequenas, transforme a hora da reciclagem em algo divertido, para que elas se identifiquem e se acostumem com mais facilidade. Com os adultos, contudo, o ideal é sentar e conversar sobre as vantagens da ação. Depois de fazer isso em casa, faça também no trabalho e sugira para seu chefe a adoção da reciclagem em toda a empresa (caso ainda não tenha sido adotada).

Em uma semana, você pode ter transformado mais do que sua própria rotina e influenciado outras pessoas a começar a reciclar.

Não desista se parecer difícil. As recompensas serão enormes quando conseguir!

REFERÊNCIAS

Vídeo

- Reciclagem:

https://www.youtube.com/watch?v=OQ5jpiKzNqg

Sites

- Cartilha sobre a reciclagem:

https://www.akatu.org.br/dica/como-separar-os-residuos-para-reciclagem/

- Os materiais que podem ser reciclados:

http://g1.globo.com/jornal-hoje/noticia/2010/10/conheca-os-materias-que-podem-ser-reciclados-e-saiba-como-separa-los.html

- A origem da reciclagem:

https://www.ecycle.com.br/component/content/article/44-guia-da-reciclagem/2046-reciclagem-o-que-e-como-surgiu-reaproveitamento-upcycle-origem-como-reciclar-coleta-seletiva-onde-reciclar.html

DIFICULDADE ☑☑☑☐☐

Requer planejamento!

Adote um animal abandonado #28

Dica: Quer aumentar sua família? Procure o abrigo mais próximo!

Compartilhe: Foi difícil escolher? Como é seu novo amigo?

REALIZADA ☐ TOTALMENTE ☐ PARCIALMENTE ☐ INICIALMENTE

Alguns dados apontam que os animais abandonados ultrapassam a marca dos trinta milhões pelas ruas. No entanto, muitos especialistas e fundadores de ONGs acreditam que o número seja bem maior que esse. Também é um fato que há um crescente interesse das pessoas por animais de estimação. O Brasil é o terceiro maior mercado do mundo em faturamento no setor pet!

Se você for uma dessas pessoas e estiver realmente decidido a aumentar sua família, seja com um cãozinho ou um gato, a melhor opção é adotar um animal. Mas por quê?

Há diversas razões para adotar um animal em vez de comprar. Você salvará uma vida, visto que, quando moram nas ruas, os animais estão sujeitos a maus-tratos e correm o risco de morrer. Além disso, economizará dinheiro, já que animais de raça são, normalmente, muito caros. E, para completar, você cuidará da sua própria saúde, já que muitas pesquisas comprovam que um bichinho ajuda de diversas formas a nossa saúde física e mental.

Caso este seja o primeiro capítulo que lê, você ainda não conhece os Objetivos de Desenvolvimento Sustentável (ODS) da ONU. Os ODS são dezessete objetivos que guiam diversas iniciativas para um mundo mais saudável. A ideia é que todas essas metas sejam alcançadas até 2030.

E o que isso tem a ver com adotar um animal abandonado? Pelo menos metade dos objetivos está ligada à proteção do meio ambiente, sendo que o décimo quinto é focado na vida terrestre e em como proteger os animais e nossos recursos (como as matérias-primas).

Por isso, a ideia para este dia é que você adote um animal abandonado. Mas, antes de tomar essa decisão, é necessário planejar muito bem, pesquisar e aprender sobre os cuidados com o bichinho que pretende ter e sobre como ele se adaptará em sua casa. Essas informações ajudarão você a realmente ter certeza de que está pronto para seu novo amigo e de que não o devolverá depois nem o abandonará na rua.

REFERÊNCIAS

Sites

– A adoção:

http://www1.folha.uol.com.br/saopaulo/2017/10/1930676-assistidos-por-ongs-animais-abandonados-aguardam-por-um-lar-saiba-como-adotar.shtml

– A importância do "adotar":

https://www.apipa10.org/noticias/publicacoes-da-apipa/dicas-importantes/4362-compreenda-a-importancia-de-adotar-um-caozinho-carente.html

– ONGs protetoras de animais com animais para adotar:

http://amigosdesaofrancisco.com.br

http://www.caosemdono.com.br

https://www.procure1amigo.com.br

DIFICULDADE ☑☑☐☐☐

Fácil! Vença a preguiça!

Ande de bicicleta #29

Dica: Suba na sua bike e vá!

Compartilhe: Há quantos dias você está usando a bike? Qual o seu trajeto preferido?

REALIZADA ☐ TOTALMENTE ☐ PARCIALMENTE ☐ INICIALMENTE

Um dos maiores problemas atuais para o meio ambiente é a poluição do ar, e os maiores emissores são os meios de transporte (com raras exceções daqueles veículos que utilizam energia elétrica para se mover).

É necessário buscar outras opções, como andar de bicicleta, que ajuda o meio ambiente e melhora sua saúde também.

Além de não produzir gases poluentes ou tóxicos para o ser humano, a atividade de andar de bicicleta melhora o condicionamento físico, combate o estresse e previne diversos tipos de doenças (como enfarte e colesterol alto).

Além dessas vantagens, também é uma atividade que você pode fazer com sua família e seus amigos em um momento de diversão em uma tarde de domingo.

Por esses motivos, a ação sugerida aqui é que você utilize a bicicleta durante todo o seu dia. Caso não consiga, planeje o fim de semana para passear com a família. E, se não souber andar de bike, não se preocupe: você pode começar aprendendo. Em pouco tem-

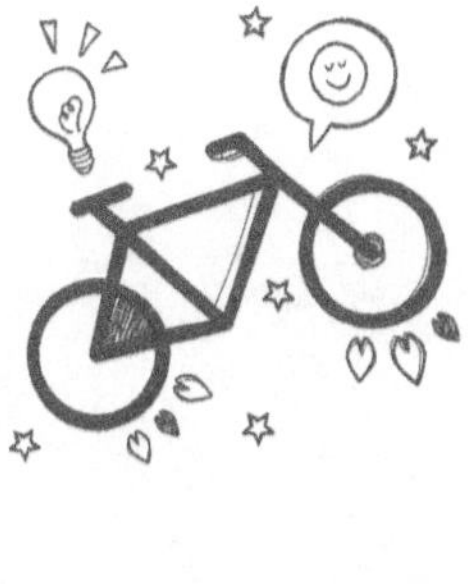

po, verá o quanto é divertido. Mas nunca se esqueça: utilize ciclovias, ciclofaixas ou locais com pouco movimento de veículos. Lembre-se: segurança em primeiro lugar! E bicicletas também devem obedecer às sinalizações e regras de trânsito.

Divirta-se com segurança e proteja o meio ambiente!

REFERÊNCIAS

Vídeo

– Os benefícios de começar a andar de bicicleta:

https://www.youtube.com/watch?v=VmWM4ZT7q4U

Sites

– Motivos para andar de bicicleta:

https://equilibrese.catracalivre.com.br/geral/movimente-se/indicacao/20-motivos-para-comecar-a-andar-de-bicicleta-agora

– As vantagens de andar de bicicleta:

https://extra.globo.com/noticias/saude-e-ciencia/andar-de-bicicleta-faz-bem-para-pele-o-coracao-alem-de-reduzir-risco-de-depressao-8172081.html

– Conheça mais sobre o movimento dos "bikers" no Brasil no livro Bicicletas no Brasil 2015:

http://www.uniaodeciclistas.org.br/biblioteca/adquira-livro

– Cicloativismo e bicicletas:

http://www.uniaodeciclistas.org.br

http://vadebike.org

http://bikeelegal.com

http://www.escoladebicicleta.com.br

http://bicicreteiro.org

– Sobre bikes e projetos sociais:

https://www.aromeiazero.org.br

DIFICULDADE ☑☑☑☐☐

Requer planejamento e um encanador!

Troque a sua descarga por uma de duplo fluxo #30

Dica: Pesquise no mercado o que mais se adéqua ao seu banheiro.

Compartilhe: Foi difícil pesquisar? Foi difícil instalar?

REALIZADA ☐ TOTALMENTE ☐ PARCIALMENTE ☐ INICIALMENTE

Em média, uma descarga regulada gasta seis litros de água quando acionada. Caso esteja defeituosa, pode chegar a gastar até trinta litros de água. Se pensarmos que, em média, uma pessoa vai ao banheiro sete vezes em um dia, ela gasta 42 litros de água (se a descarga estiver regulada) e até 210 litros de água (caso não esteja).

Há várias maneiras de diminuir esse gasto; o Capítulo 12 deste livro, "Faça xixi no banho", apresenta uma das formas de reduzir o uso da água.

Hoje em dia, há uma opção interessante que pode ajudar a diminuir o uso de água nas descargas, usada principalmente em banheiros de *shopping centers*. Você provavelmente já deve ter notado, em grandes shoppings e empresas, que existem dois botões no local onde fica a descarga: um maior e outro menor, algumas vezes com sinalizações, outras não. O botão menor libera menos água, e o maior, mais água, de acordo com a necessidade do usuário. A válvula pode estar na caixa acoplada, aquela que fica em cima do vaso sanitário, ou diretamente na parede.

Os litros de cada acionamento variam de 3 a 6, adequando-se à necessidade do momento. E isso poupa uma quantidade enorme de água. Como exemplo, em um condomínio que adotou essa opção, os moradores conseguiram diminuir o valor da conta de água de 22 mil para 7 mil reais. Uma real mudança tanto para o gasto de água quanto para o bolso dos moradores.

Por isso, pensando a longo prazo, a ação de hoje é trocar a descarga de sua casa por uma de duplo fluxo (ou duplo acionamento) e sugerir esta ação para a empresa em que trabalha ou para familiares.

REFERÊNCIAS

Vídeos

– Sistema de duplo acionamento da descarga:
https://www.youtube.com/watch?v=O824eKxiMfI

– Válvula de descarga, da TV Docol:
https://www.youtube.com/watch?v=Q1CzghIcL6I

Sites

– Veja algumas dicas para economizar água (e dinheiro) sem prejudicar a saúde e o meio ambiente:
https://dgi.unifesp.br/ecounifesp/index.php?option=com_content&view=article&id=12&Itemid=16

– Como economizar instalando válvula de descarga com duplo acionamento:
http://g1.globo.com/sao-paulo/blog/como-economizar-agua/post/como-economizar-instalando-valvula-de-descarga-com-duplo-acionamento.html

DIFICULDADE ☑☐☐☐☐

Mamão com açúcar!

Ande com sua garrafa de água e elimine copos plásticos #31

Dica: Compre uma garrafa de matéria-prima mais durável e faça dela sua companheira.

Compartilhe: Depois de uma semana, o uso da garrafinha mudou algo em sua rotina?

REALIZADA ☐ TOTALMENTE ☐ PARCIALMENTE ☐ INICIALMENTE

Um dos materiais mais utilizados hoje é o plástico. Ele é a matéria-prima de muitos produtos que fazem parte do nosso dia a dia. Como sabemos, o plástico pode demorar mais de duzentos anos para desaparecer na natureza, e isso acontece porque os fungos e as bactérias responsáveis pela decomposição não desenvolveram as enzimas necessárias para realizar esse processo no plástico.

Neste capítulo, estamos falando mais especificamente do plástico usado em garrafas (o PET, que é o que demora mais tempo para se decompor). É necessário consumir esse material de modo consciente não só porque ele demora para se decompor, mas também porque ele é o responsável pela morte de mais de um milhão de aves e de 100 mil mamíferos marinhos por ano.

O PET, além de ser o plástico de decomposição mais demorada, é também o que solta mais toxinas no meio ambiente, o que afeta toda a vida terrestre e marinha. Além da pegada ecológica que ele deixa, por ser feito à base de petróleo, é também responsável pela alta emissão de gases do efeito estufa.

É de extrema importância que diminuamos a utilização exagerada desse tipo de material. Há diversas formas de fazer com que isso aconteça. Por exemplo, se você gosta de tomar refrigerante, pode começar a reutilizar essas garrafas. Ou simplesmente começar a entregá-las para a reciclagem. Ou, ainda, escolher garrafas de vidro retornáveis.

No trabalho e na escola, e até em consultórios médicos, é comum a utilização de copos de plástico descartáveis para o consumo de água potável. O problema disso é o descarte incorreto desses objetos: a maioria acaba indo parar em lixões e aterros sanitários, e não na reciclagem.

O ideal é que você deixe de usá-los e carregue uma garrafinha (de um material bem mais durável) consigo. A ação sugerida para hoje é que você passe um dia inteiro com essa garrafa durável e, aos poucos, faça com que ela seja parte de sua rotina. Com isso, você diminuirá o consumo de copos descartáveis e, ao mesmo tempo, nunca ficará sem água em nenhum lugar.

É com pequenas ações que começamos a mudar o mundo!

REFERÊNCIAS

Vídeos

– Conscientização sobre o copo descartável:

https://www.youtube.com/watch?v=zZ0_HkPGd7U

https://www.youtube.com/watch?v=Tif1lKQQbj4

– Alternativas ao copo descartável, da Menos 1 Lixo:

https://www.youtube.com/watch?v=T48uTXSgvlM

https://www.youtube.com/watch?v=5ChJnTzLD68

Sites

– Por que o plástico demora tanto para desaparecer na natureza?

https://mundoestranho.abril.com.br/ambiente/por-que-o-plastico-demora-tanto-tempo-para-desaparecer-na-natureza

– Qual é o impacto das embalagens no meio ambiente?

http://www.mma.gov.br/responsabilidade-socioambiental/producao-e-consumo-sustentavel/consumo-consciente-de-embalagem/impacto-das-embalagens-no-meio-ambiente

DIFICULDADE ☑☐☐☐☐
Fácil demais!

Escolha um chuveiro que economize água e energia #32

Dica: Vá até a loja de eletrodomésticos mais próxima e troque o seu hoje!

Compartilhe: Foi muito difícil encontrar um chuveiro mais eficiente?

REALIZADA ☐ TOTALMENTE ☐ PARCIALMENTE ☐ INICIALMENTE

O desperdício de água e energia só vem aumentando diariamente. Não é raro ver crianças e adultos deixando luzes e equipamentos ligados pela casa ou não se atentando para o tempo gasto com a torneira aberta durante a escovação ou enquanto lavam louça.

Uma das situações que juntam os dois gastos, de água e de energia, de forma exagerada é a hora do banho. Grande parte dos chuveiros utilizados nas casas, pelo menos da grande São Paulo, são chuveiros elétricos. Entre todas as opções, são os que gastam menos energia. Você só precisa saber usá-los corretamente (muito da energia que acabamos gastando tem a ver com o tempo de uso).

Tanto a quantidade de água quanto a de energia são influenciadas pelo tempo de uso do chuveiro. No entanto, diferentemente do que pode parecer, os chuveiros solares, os chuveiros a gás e os chuveiros com *boilers* (caldeiras elétricas usadas para esquentar água) são os que gastam mais água e/ou energia. As melhores opções são o elétrico e o híbrido (solar e elétrico), porque ambos têm aproximadamente o mesmo consumo de água e de energia.

Então, caso o seu chuveiro seja um desses três, a melhor opção é trocá-lo por um com funcionamento melhor e que gaste menos, como o elétrico ou, principalmente, o eletrônico. Se você já estiver usando um chuveiro elétrico, talvez seja a hora de procurar por um mais atual, de preferência com o selo do Inmetro e o selo Procel, garantia de eficiência e de que pouca energia será gasta.

A diferença entre o elétrico e o eletrônico é que o segundo oferece uma diversidade de temperaturas para serem misturadas na hora de regular o chuveiro, o que evita o desperdício de água e diminui a conta de luz. Lembre-se sempre de conferir se, no local onde você mora, a fiação suporta o tipo de chuveiro que você escolher instalar.

Vamos evitar o desperdício da melhor forma que pudermos! Não se esqueça: existem muito mais ações pela frente!

REFERÊNCIAS

Vídeo

– Chuveiro é o vilão do inverno:

https://www.youtube.com/watch?v=H_NFRlYa65k

Sites

– Os tipos de chuveiros:

https://casaeconstrucao.org/dicas/modelos-de-chuveiros/

– Os gastos dos chuveiros:

http://c2e.ufsc.br/qual-o-tipo-de-chuveiro-mais-economico-descubra/

– Chuveiros inteligentes:

https://www.tecmundo.com.br/energia/65882-banho-nota-10-chuveiro-inteligente-ajuda-voce-economizar-agua-luz.htm

DIFICULDADE ☑☑☑☑☐

Você precisa aprender a montar uma composteira!

Faça compostagem #33

Dica: Separe seu lixo orgânico, escolha um espaço adequado e comece a compostar.

Compartilhe: O que achou da compostagem?

REALIZADA ☐ TOTALMENTE ☐ PARCIALMENTE ☐ INICIALMENTE

A compostagem nada mais é do que um processo biológico natural, em que fungos e bactérias são responsáveis pela degradação do material orgânico e que tem como objetivo reciclar os resíduos orgânicos (principalmente os de alimentos). O produto gerado pela compostagem pode e deve ser usado como adubo, pois é rico em nutrientes e minerais.

A compostagem é uma prática muito antiga e vem ganhando popularidade devido à grande preocupação atual com a sustentabilidade e, também, porque há uma crescente necessidade de reduzir o volume de resíduos domésticos que vão para aterros e lixões, que já estão ficando superlotados. Diversos agricultores, por exemplo, passaram a usar o lixo doméstico para a obtenção de fertilizante orgânico.

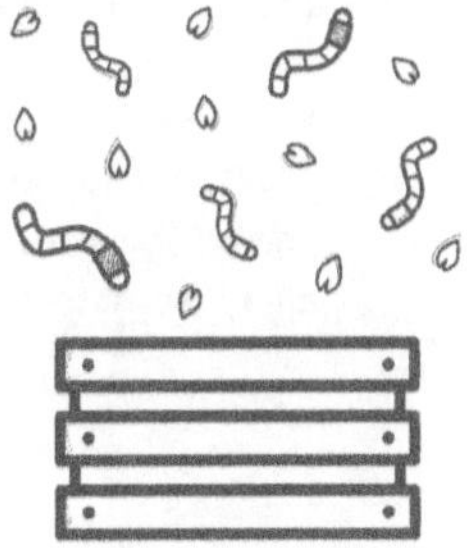

O desafio desta ação é construir a composteira. Muitos vídeos na internet (como você vai ver nas referências deste capítulo) explicam de forma simples e rápida como construir uma. Basta arranjar os materiais necessários!

Uma opção muito utilizada em apartamentos e casas é a "vermicompostagem", em que se utilizam minhocas californianas para ajudar na decomposição. Outra possibilidade é adquirir uma composteira automática, que utiliza poderosos microrganismos patenteados capazes de se multiplicar em condições adversas. Na maioria delas, são utilizados principalmente os restos de alimentos da cozinha, geralmente sem carne, gorduras, alimentos ácidos, entre outros. Mas é bacana você estudar um tipo de compostagem simples primeiro, para depois se aprofundar na técnica.

Caso você não queira construir uma composteira, existem várias lojas online e físicas que vendem todas as peças para você montar a sua em casa. Existem produtos de vários tamanhos, formatos e preços, para todos os tipos de casas e apartamentos.

Há muitas vantagens em começar a fazer a compostagem. Caso você não tenha como utilizar o adubo criado, você pode vendê-lo ou doá-lo para instituições ou empresas que necessitem dele. Comece hoje a compostar!

REFERÊNCIAS

Vídeos

– A compostagem caseira:
https://www.youtube.com/watch?v=Oc8p3Q7F6E4

– O que é a compostagem:
https://www.youtube.com/watch?v=jSTdATdAzuk

– Como fazer a sua própria composteira com galões de água:
https://www.youtube.com/watch?v=P-kJf_Ut3M8

Sites

– A compostagem:
https://www.ecycle.com.br/component/content/article/67-dia-a-dia/2368-o-que-e-como-fazer-compostagem-compostar-composteira-tecnica-processo-reciclagem-decomposicao-destino-util-solucao-materia-organica-residuos-solidos-lixo-organico-urbano-domestico-industrial-rural-transformacao-adubo-natural.html
http://www.mma.gov.br/informma/item/7594-compostagem

– Lojas de composteiras:
https://loja.moradadafloresta.eco.br
https://ecoisas.com.br

DIFICULDADE ☑☑☑☑☐

Pesquise e faça!

Tenha uma horta vertical ou uma horta de varanda #34

Dica: Escolha primeiro as plantas mais fáceis.

Compartilhe: As suas plantas ficaram bonitas? Qual foi a maior dificuldade?

REALIZADA ☐ TOTALMENTE ☐ PARCIALMENTE ☐ INICIALMENTE

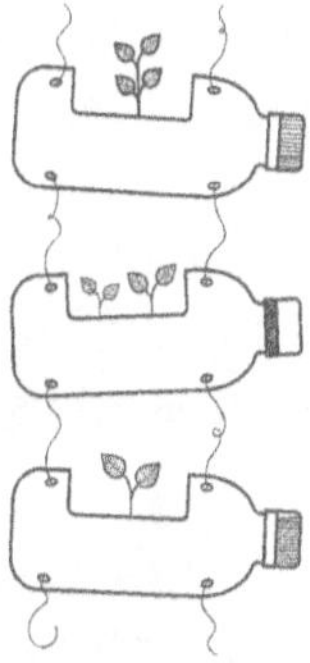

Em outros capítulos deste livro, comento o quão problemáticos podem ser os alimentos produzidos com a utilização de agrotóxicos e produtos químicos, podendo causar doenças diversas, como o câncer.

Esse motivo já é forte o suficiente para você começar a consumir produtos orgânicos. No entanto, há sempre um "porém". Os produtos orgânicos tendem a ser mais caros, por sua produção natural ser mais demorada (não se esqueça de que quanto mais rápida é a produção, mais barato fica o produto) e por conta do cuidado que os produtores têm com os alimentos.

Uma alternativa saudável e mais barata, que dependerá apenas de você, é fazer uma horta vertical (ou na varanda).

As hortas verticais foram criadas com esse formato para que haja um aproveitamento maior de espaço, justamente por serem feitas dentro de casa ou do apartamento. Podem até ser montadas em empresas, para a produção de chás naturais, por exemplo. As hortas trazem diversos benefícios para o ser humano, como o incentivo a uma alimentação mais saudável, menos gastos com alimentos produzidos naturalmente, diminuição da temperatura do ambiente, diminuição dos efeitos da emissão de carbono, além do prazer de poder cuidar das plantas.

Há também vantagens relativas à produção e à instalação, pois são fáceis de montar e necessitam de cuidados simples para a manutenção. No Capítulo 33, incentivo você a aprender a montar sua própria composteira para manter sua horta vertical saudável. Não há razões para não ter sua própria horta, e por isso a ação de hoje (e uma sugestão para a sua vida) é montar uma horta em seu espaço pessoal, seja no quintal, na sacada, na parede da sacada ou dentro de casa. De preferência, em locais em que haja sol.

Comece com temperos e plantas mais simples, como cebolinha, salsinha, manjericão, coentro, entre outros. Depois, com mais experiência e dedicação, você pode ir para as hortaliças e os legumes. E, quem sabe, pode ter até uma árvore frutífera, que, se bem podada, pode ser cultivada em ambientes menores. Não se esqueça de pesquisar sobre as quantidades de água, sol e nutrientes necessárias para cada tipo de planta. Você encontra muitas dicas específicas para a sua horta nos links indicados neste capítulo.

Caso ainda não esteja convencido das vantagens e da ligação dessa atitude com a sustentabilidade, lembre-se de que as plantas sempre minimizam o aquecimento global. Então, vamos continuar com as ações sustentáveis e seguir em frente!

REFERÊNCIAS

Vídeos

– A horta vertical orgânica:
https://www.youtube.com/watch?v=VH6NkXcSjF4

– Como fazer uma horta vertical:
https://www.youtube.com/watch?v=XOTOmMeBv2Q

Sites

– A horta vertical:
http://www.viveremcasa.com/horta-em-apartamento/
http://www.usp.br/agen/wp-content/uploads/IDDS_manual-de-hortas-verticais_julho-2012.pdf

– Os benefícios das hortas verticais:
http://www.ecoeficientes.com.br/7-beneficios-do-cultivo-vertical-para-metropoles

DIFICULDADE ☑☐☐☐☐

Facílimo!

Vá visitar um familiar que você não vê há tempos #35

Dica: Procure o número em sua agenda e ligue. Não demora muito e você se sentirá melhor.

Compartilhe: Foi difícil achar assunto para conversar? Como se sentiu depois?

REALIZADA ☐ TOTALMENTE ☐ PARCIALMENTE ☐ INICIALMENTE

Em uma era repleta de meios de comunicação e facilidades para manter contato ou encontrar outras pessoas, estamos cada vez mais distantes de nossos familiares. Preferimos manter contato por meio de telas pequenas e brilhantes a conversar pessoalmente ou sair para nos divertir. Além disso, estamos cada vez mais sobrecarregados com obrigações e, com os níveis de estresse crescentes, temos mais vontade de ficar em casa descansando e, consequentemente, perdemos o interesse em sair e socializar.

As pessoas das quais mais nos afastamos com o passar dos anos são nossos familiares. É muito fácil nos deixarmos levar por desavenças bobas e simplesmente colocarmos outras prioridades à frente dos nossos familiares – como trabalho, amigos, diversão ou descanso em casa. Sabemos que nenhuma família é perfeita como mostram as propagandas de margarina, mas temos que estar próximos para nos ajudar.

Reconectar-se com familiares é uma ação importante para conhecer quem somos e saber mais sobre nossa história e nossa árvore genealógica. É importante você saber sobre o passado e sobre as batalhas que seus familiares tiveram que enfrentar para colocar você onde está neste momento. Isso é um ensinamento sobre um conceito muito importante: a gratidão. Aprendendo isso, você conseguirá ver as coisas boas que o meio ambiente e o mundo lhe propõem e compreenderá que esse é um dos sentimentos que acompanham a sustentabilidade.

A continuidade é a palavra desse aprendizado. Alguém começou, lá atrás, o caminho que você está trilhando hoje. Se essas pessoas não tivessem começado, sofrido, batalhado, seu caminho nem existiria. E você é responsável por continuar esse caminhar, pensando sempre nas próximas gerações, isto é, efetivamente, na sustentabilidade.

Claro que, além de aprender, você se reconectará com seus familiares, o que te fará entender o valor da família e o quanto ela afeta nossos dias – deixando-nos mais alegres e agitados e nos tirando do marasmo de ficar, em nosso tempo livre, conectados aos celulares e desligados do mundo.

Vá hoje atrás de seu tio ou tia, primo ou prima, ou ainda pai ou mãe, irmão ou avó... Enfim, daqueles de quem você se distanciou. Marque um almoço ou um café. Leve bombons ou um bolo e relembre bons momentos e histórias!

REFERÊNCIAS

Veja algumas dicas de filmes que falam sobre a força familiar:

- *Os incríveis* (2004)

A união e o respeito são os dois fatores que fazem com que essa incrível família de super-heróis vença os desafios que encontra pela frente. Além disso, o filme garante boas risadas, prendendo a atenção da família toda.

- *Valente* (2012)

Neste filme, o foco é a relação entre mãe e filha. O respeito, a aceitação das diferenças e o amor são ingredientes que fazem da trama, além de divertida, uma reflexão sobre nossas relações familiares.

- *Procurando Nemo* (2003)

O amor incondicional de pai e filho é a grande lição desse filme, que garante horas de boas risadas.

- ***Os seus, os meus e os nossos*** **(2005)**

Um filme ótimo para toda a família assistir reunida. A comédia conta a história de Frank e Helen, ex-namorados que se reencontram após trinta anos. Os dois são viúvos e decidem se casar, formando uma família gigante, pois ela tem dez filhos e ele, oito. A convivência torna-se difícil, pois os costumes dessas crianças são muito diferentes. Mas o casal traça um plano para que todos possam viver bem.

- ***Um homem de família*** **(2000)**

Estrelado por Nicolas Cage, o filme aborda questões interessantes, como os valores fundamentais da família e até que ponto o dinheiro é importante, ao contar a história de um homem solteiro e bem-sucedido que, de repente, se vê em uma vida humilde, casado e com filhos.

- ***A família Addams*** **(1991)**

Esse famoso filme de humor negro conta a história de um casal macabro e seus familiares. Todos vivem em uma mansão antiga e assustadora, e cada um dos personagens tem costumes bizarros; mas, apesar disso, trata-se de uma família feliz e com muito amor.

DIFICULDADE ☑☑☐☐☐
Fácil!

#36 Doe seu cabelo

Dica: Caso pretenda cortar ao menos doze centímetros, procure seu cabeleireiro e explique que quer doar. Ele saberá o que fazer!

Compartilhe: Como se sentiu ao doar? Gostou do novo corte?

REALIZADA ☐ TOTALMENTE ☐ PARCIALMENTE ☐ INICIALMENTE

Solidariedade é um conceito que precisa acompanhar os Objetivos de Desenvolvimento Sustentável (ODS) da ONU, porque muitos deles focam em como nós vemos e entendemos o mundo. Ser solidário, se identificar com o sofrimento do próximo e compreender que você pode ajudar de alguma forma é fundamental para o seu autodesenvolvimento. Essa ajuda não é só material, mas pode ser um gesto simples: uma conversa, um momento de compreensão ou uma ação.

Atualmente, o câncer é uma das doenças que mais preocupam a humanidade, com sintomas que às vezes não podem ser detectados facilmente. Os tratamentos são agressivos e, em alguns casos, existe a possibilidade do retorno da doença.

Todos os pacientes com câncer necessitam, na maioria das vezes, de tratamento com quimioterapia, que faz com que o cabelo caia. Isso não é problema para os homens, mas, para as mulheres, por conta de padrões de beleza impostos pela sociedade, a perspectiva de ficar careca causa desconforto.

É nesse ponto que entra a nossa parte: a de fazer uma ação solidária! Então, se você tiver mais de doze centímetros de cabelo, uma das ações mais bonitas e fáceis que este livro sugere é a doação dele. Os seus fios ajudarão a fazer uma pessoa mais feliz. Tenho uma conhecida (a mesma do relato da doação de sangue, caso você já tenha lido o Capítulo 24) que doou o cabelo dela (mais de vinte centímetros) depois que sobreviveu a uma cirurgia no coração – nesse caso, depois da luta pela própria vida, ela se solidarizou com a causa da doação.

Para doar, basta ter mais de doze centímetros de cabelo para cortar e cortá-lo preso em um rabo de cavalo; depois, coloque-o dentro de um saco plástico (mantendo-o bem fechado) e envie para a instituição com a qual mais se identificar. Caso prefira (o que é mais comum), procure um cabeleireiro que faça esse processo. Com o seu cabelo, serão feitas próteses capilares para pessoas que precisam. Veja nos links indicados ao final do capítulo alguns lugares para doação.

É uma ação muito simples e extremamente altruísta, que pode mudar muitas vidas. E nunca se esqueça de que sustentabilidade não tem apenas a ver com mudar o meio ambiente, mas também está diretamente relacionada à vida humana.

Vamos seguir com as ações sustentáveis para criar um mundo mais responsável!

REFERÊNCIAS

Vídeo

– Doação de cabelo:

https://www.youtube.com/watch?v=jLrwtOkxC4M

Sites

– Diferença entre solidariedade e empatia:

http://educacao.estadao.com.br/blogs/colegio-equipe/empatia-e-solidariedade

– Como e onde doar:

http://www.saopaulo.sp.gov.br/spnoticias/solidariedade-em-fios-no-outubro-rosa-doe-cabelo-pacientes-com-cancer-de-mama

http://chic.uol.com.br/beleza/noticia/vai-cortar-os-cabelos-saiba-como-doar-os-fios-para-instituicoes-que-atendem-a-pacientes-com-cancer

DIFICULDADE ☑☐☐☐☐
Superfácil!

#37 Imprima nos dois lados do papel

Dica: É importante lembrar de fazer isso sempre. Se sua impressora não imprime frente e verso, você pode fazer isso manualmente.

Compartilhe: Tem gastado menos folhas de papel?

REALIZADA ☐ TOTALMENTE ☐ PARCIALMENTE ☐ INICIALMENTE

Esta pode ser considerada a era da sustentabilidade e da preocupação ambiental. Gastos exacerbados com matérias-primas e recursos naturais não são bem vistos e começam a ser evitados com mais força do que em qualquer outra época.

O desmatamento das florestas começa a ser controlado e vem diminuindo no Brasil; contudo, ainda existe uma quantidade não controlada de árvores cortadas para a produção de móveis, casas, papéis e seus derivados. Um brasileiro consome uma média de 44 quilos de papel por ano.

Muitas empresas de produção de papel fazem o replantio de árvores e têm o certificado FSC, que garante o manejo responsável ao longo do plantio e da produção. Suas florestas ajudam também na captura do CO_2 e no ciclo das águas. Porém, consumidores e grandes empresas que utilizam papel e seus derivados em sua cadeia produtiva precisam também fazer sua parte, garantindo, por exemplo, o destino correto do papel após o uso e sua reciclagem.

Imprimir nos dois lados da folha é algo que você pode implantar tanto na sua casa quanto no seu local de trabalho. Caso seja um estudante, pode sugerir essa ação para seus professores ou para os gestores da instituição de ensino. No caso da empresa, procure o departamento responsável e mostre o quanto de economia financeira esta ação pode gerar.

O ideal é que você tenha uma impressora que consiga virar o papel sozinha, assim o trabalho será menor e você poupará tempo. Ela pode ser um pouco mais cara, mas é um investimento de longo prazo. Caso não possa comprar uma, ainda assim você pode imprimir de ambos os lados, mas terá que fazer a inversão manual. Não é difícil, só levará um pouco mais de tempo. Uma dica: imprima primeiro as folhas ímpares; depois, vire-as e imprima as folhas pares.

É uma pequena ação que trará grandes mudanças e economia financeira; além disso, não é difícil conscientizar outras pessoas sobre o tema e convencê-las a participar também.

REFERÊNCIAS

Vídeo

- Consciente coletivo - Papel, do Instituto Akatu:

https://www.youtube.com/watch?v=_NteU6uYAOI

Sites

- Quantas folhas de papel dá para fazer com uma árvore?

http://revistagalileu.globo.com/Revista/Galileu/0,,EDG87237-7946-221,00-QUANTAS+-FOLHAS+DE+PAPEL+DA+PRA+FAZER+COM+ UMA+ARVORE.html

- Como imprimir nos dois lados do papel:

http://pt.affdu.com/print-two-sides-paper-without-duplex-printer.html

DIFICULDADE ☑☐☐☐☐

Mamão com açúcar!

#38 Utilize folhas de rascunho para fazer anotações

Dica: Qualquer tipo de folha usada pode ser utilizada como rascunho!

Compartilhe: Você encontrou outras utilidades para folhas usadas? Quais?

REALIZADA ☐ TOTALMENTE ☐ PARCIALMENTE ☐ INICIALMENTE

Como citado no Capítulo 37, o uso de papel no Brasil (e ao redor do mundo) ainda é muito maior do que deveria. Só os brasileiros utilizam, em média, 44 quilos de papel por ano por pessoa. Mas quanto cada um está fazendo para reciclar ou dar o destino correto a cada folha de papel utilizada?

Há diversas formas de controlar esse mau uso do papel. Podemos, como colocado no Capítulo 37, imprimir sempre nos dois lados das folhas. Mas há também uma forma ainda mais simples: utilizar papéis usados como rascunho.

Durante o dia, há muitas situações nas quais precisamos fazer anotações breves e rápidas (números de telefone, contas bancárias, endereços) e nem sempre estamos com nossos celulares em mãos. Nesse caso, nós optamos por usar folhas de papel, e nenhuma opção é melhor do que uma já usada, por exemplo, papéis com impressões que não usaremos mais ou que deram errado.

No trabalho, na escola ou na sua casa, você pode montar um bloquinho de folhas usadas para rascunhar informações importantes durante o dia. Conheço uma funcionária pública que faz isso com todas as impressões que dão errado, e minha filha só desenha em folhas de papel de rascunho.

Provavelmente tenho sido repetitivo, mas, com pequenos gestos e ações, construímos um mundo mais sustentável. Por isso, realize esta ação hoje e sempre. E continue: há muitas ações simples que podemos realizar!

REFERÊNCIAS

Vídeos

- Escola cria ações para evitar o desperdício de papel, de Secretaria da Educação do Estado de São Paulo:
https://www.youtube.com/watch?v=jiwILV2x_0M

- Reciclagem de papel:
https://www.youtube.com/watch?v=-Mwi9b8RjBw

Site

- O gasto de papel nos escritórios:
http://economia.estadao.com.br/blogs/ecoando/o-papel-que-nos-queremos-reducao-no-consumo-gera-economia-e-mais-eficiencia

DIFICULDADE ☑☑☐☐☐

Fácil e divertido!

#39 Faça arte com folhas recicladas

Dica: Busque na internet algumas referências e inspirações.

Compartilhe: Foi divertido fazer artesanato?

REALIZADA ☐ TOTALMENTE ☐ PARCIALMENTE ☐ INICIALMENTE

Sabemos que os preços dos produtos naturais e reciclados tendem a ser um pouco mais altos que os dos produtos normais e industrializados; contudo, a relação custo-benefício, tanto para a sua saúde quanto para o meio ambiente, se mostra mais do que válida ao longo do tempo.

Atualmente, o artesanato tem sido um dos *hobbies* muito procurados para relaxar depois de um dia estressante de trabalho, ou para complementar a renda, e até para passar algum tempo em família. Além disso, o ensino infantil e o fundamental praticam bastante essa atividade como forma de os alunos se expressarem e se divertirem.

Afinal, quem nunca fez um origami? Para quem não conhece, o origami é uma das artes japonesas que trabalha com papel para criar animais, flores e outras formas com dobraduras.

Além do origami com papéis reciclados, é possível fazer muitas outras coisas, como máscaras, bibelôs, potes e objetos de papel machê. Com essa massa, feita a base de papel picado de folhas de jornal e revistas, folhas de papel sulfite, entre outras, você consegue muitos formatos. Você também pode utilizar outros ingredientes, como água, cola e gesso, na confecção das peças. Essa é uma das formas de reaproveitar o papel.

Existem diversos motivos para começar a fazer artesanato com folhas recicladas: é uma forma de incentivar ainda mais a reciclagem; você poderá mostrar a outras pessoas um trabalho feito com produtos reciclados, ajudando a disseminar a ideia da sustentabilidade; e ainda estará protegendo o meio ambiente.

Procure se informar hoje mesmo sobre artesanato com papel. Mãos à obra!

REFERÊNCIAS

Vídeos

– Como fazer papel reciclado em casa, do Manual do Mundo:
https://www.youtube.com/watch?v=fjt5gWCx120

– Flor de origami com papel reciclado:
https://www.youtube.com/watch?v=-JZ2OxQaBOo

– Arte em papel machê:
https://www.youtube.com/watch?v=1GoqVrB68MU

Sites

– Valor das aparas de papel para reciclagem:
http://www.setorreciclagem.com.br/reciclagem-de-papel/valor-das-aparas-de-papel-para-reciclagem

– Faça você mesmo: reciclagem de papel em casa:
https://www.ecycle.com.br/component/content/article/65-papel/1961-faca-voce-mesmo-reciclagem-de-papel-como-fazer-reaproveitar-reciclar-em-casa-passo-a-passo.html

DIFICULDADE ☑☑☐☐☐

Fácil! Fuja da rotina!

#40 Vá à natureza se inspirar

Dica: Busque um parque próximo à sua casa.

Compartilhe: Quais ideias você teve? Como a natureza te inspirou?

REALIZADA ☐ TOTALMENTE ☐ PARCIALMENTE ☐ INICIALMENTE

Você sabe o que é *biomimética*? É uma ciência que estuda a natureza e suas funcionalidades para aplicá-las à nossa realidade e adequá-las às necessidades humanas, básicas ou não. A biomimética pode ser usada para imitar sistemas inteiros de colônias (desde sua organização até sua liderança) ou mesmo o design de plantas, árvores ou biomas, para aplicá-los em produtos.

A intenção não é imitar os detalhes da natureza, como a asa do pássaro ou as guelras dos peixes, mas entender como eles funcionam para adaptar suas melhores qualidades a produtos e serviços que facilitarão nossa vida ou complementarão funcionalidades que não podemos alcançar sozinhos.

Giane Cauzzi Brocco, cofundadora da Biomimicry Brasil Network, diz que "a biomimética faz da natureza uma mentora e não apenas uma fonte de extração". Essa frase resume muito bem o papel da biomimética e a função dela na sociedade. Um exemplo de produto criado a partir dessa ciência é um maiô de natação da Speedo que teve sua microestrutura inspirada na pele de tubarão, o que aumenta a velocidade dos nadadores que o usam. Sem contar que

essa ciência traz soluções mais sustentáveis para vários problemas que temos encontrado atualmente.

Você não precisa, necessariamente, criar algo inovador com o objetivo de se destacar no mercado, mas é interessante observar como os animais e as plantas se comportam para adequar sua própria forma de viver e de entender a vida. Um conceito que poderíamos aprender com a natureza é o de consumir apenas o necessário. Animais não tiram do ambiente mais do que o necessário para a sua alimentação e sobrevivência, e atacam apenas quando estão assustados ou sentindo perigo próximo.

Você também pode pensar em algo para sua empresa ou sua escola como forma de maximizar o uso de energia limpa (como a solar, inspirando-se nas plantas e no seu sistema de fotossíntese) ou outras possibilidades provavelmente mais acessíveis.

Além disso, fará bem para a sua saúde estar próximo à natureza, pois o meio ambiente ajuda o bem psicológico e físico do ser humano.

A ação para este dia é que você se sente ao ar livre em um parque ou uma praça, contemple a natureza e extraia dela conhecimento e sabedoria. Você poderá se inspirar e, quem sabe, até resolver aquele problema que está te perturbando.

REFERÊNCIAS

Vídeos

– Biomemética: Fred Gelli at TEDxSudeste, de TEDx Talks:
https://www.youtube.com/watch?v=h-4nK-jyQoY

– O que é biomimética, de TV Rá Tim Bum (para crianças):
https://www.youtube.com/watch?v=Pt9h7yk3B_s

Sites

– A biomimética:
https://iq.intel.com.br/biomimetica-ciencia-e-inovacao-inspiradas-pela-natureza
https://www.ecycle.com.br/component/content/article/35/1504-biomimetica-a-ciencia-que-se-inspira-na-natureza.html

– A biomimética e como ela funciona:
http://www.biomimetica.com.br/biomimeacutetica.html

DIFICULDADE ☑☑☐☐☐

Fácil! Basta começar!

#41 Utilize dobradura de jornal para o seu lixo do banheiro

Dica: Caso tenha jornal em casa, ficará mais fácil fazer a dobradura. Se não tiver, peça a um vizinho ou colega de trabalho.

Compartilhe: Você começou a usar menos sacolas plásticas para recolher o lixo do banheiro?

REALIZADA ☐ TOTALMENTE ☐ PARCIALMENTE ☐ INICIALMENTE

A impressão de jornais é realizada diariamente no Brasil. Apesar de o formato digital estar crescendo muito nos últimos anos, muitas pessoas ainda preferem a leitura impressa.

Como ainda é produzido em grandes quantidades, o jornal pode ser uma alternativa sustentável para substituir as sacolinhas plásticas que usamos para recolher o lixo do banheiro, porque o papel se decompõe bem mais rápido que o plástico.

Por ser de um tipo de papel mais consistente, o jornal é ótimo para fazer dobraduras e artesanato. Algumas pessoas até vendem jornais para artistas os utilizarem em suas obras. E, dado que o plástico pode demorar mais de duzentos anos para se decompor nos lixões, é sábio diminuir o uso de sacolas plásticas em nosso dia a dia.

Um dos costumes dos brasileiros em suas casas é colocar sacolinhas plásticas dentro dos cestos de lixo para que fique mais prático na hora de recolher os dejetos. Isso faz com que cada cidadão utilize em média oitocentos saquinhos por ano.

A ação que sugiro neste capítulo é que em, vez de usar a sacolinha, você faça uma dobradura com o jornal e a use na lixeira do banheiro, principalmente. Na cozinha é mais difícil, pois geralmente os resíduos geram líquidos que podem molhar o jornal. Já no banheiro, a maior parte do resíduo é o papel higiênico, e se houver líquido, geralmente o papel que já está dentro do lixo o absorverá. A dobradura é muito simples e leva apenas vinte segundos para ser feita, de acordo com o site do Instituto Akatu.

Você começa com uma, duas ou três folhas de jornal, dependendo da resistência que quer para o seu lixinho. E vai fazendo as dobraduras até que ele fique parecendo um barquinho (essa é minha interpretação, não se esqueça de acessar o site da Akatu para fazer a dobradura da forma correta). Depois, você finaliza deixando espaço para o depósito do lixo.

Essa é uma forma rápida e sustentável de diminuir seu consumo de sacolinhas plásticas. E, caso tenha filhos, pode ser uma atividade divertida para fazer com eles. Começe hoje! Entre no site e aprenda a fazer o seu.

REFERÊNCIAS

Vídeos

– Como fazer um saco de lixo com jornal, do Manual do Mundo:
https://www.youtube.com/watch?v=hXPDYlPoeUY

– As sacolas plásticas, de Instituto Akatu:
https://www.youtube.com/watch?v=AXrIWrJL0bw

Site

– Como fazer saquinho de jornal para o lixo:
https://www.akatu.org.br/noticia/veja-como-fazer-saquinho-de-jornal-para-o-lixo-ok

DIFICULDADE ☑☑☐☐☐

Fácil! É só encontrar o produto certo!

#42 Escolha carne de gado de boa procedência

Dica: Veja no supermercado ou pergunte ao seu açougueiro de onde vem a carne.

Compartilhe: Em que supermercado você encontrou a carne de boa procedência? De que marca era?

REALIZADA ☐ TOTALMENTE ☐ PARCIALMENTE ☐ INICIALMENTE

Assim como os selos de eficiência dos eletrodomésticos e os selos dos produtos orgânicos, há selos que garantem a procedência da carne que você e sua família consomem, e é importante que você os conheça. A boa procedência dos alimentos garante segurança no sabor e no tratamento dado à carne, considerando a limpeza e a ausência de doenças dos animais.

De acordo com o Sebrae, os maiores produtores de carne possuem certificados do Instituto Nacional de Propriedade Industrial (Inpi) com o registro de Indicação Geográfica, garantindo a qualidade da carne. Enquanto esse selo confirma a localização da criação do gado, outros selos servem para garantir que os frigoríficos não adquiram gado oriundo de propriedades com desmatamento ilegal, sobrepostas a unidades de conservação ou terras indígenas, ou ainda que apresentem condições degradantes de trabalho.

Tomando esses cuidados, estamos incentivando a proteção do meio ambiente, uma vez que o gado que é criado para consumo não estará invadindo áreas de preservação. E também estamos cuidando de nossa saúde, porque essa carne é mais bem tratada tanto na fase de crescimento do animal quanto depois do abate.

Além de todos esses cuidados, é interessante que você procure carnes orgânicas, que passam por menos interferências hormonais e têm menos contato com pesticidas e produtos prejudiciais à saúde.

A ação de hoje é você escolher uma carne certificada, cujo produtor não apoie práticas ilegais, fazendo assim uma escolha mais sustentável e consciente. Não se esqueça de alertar seus familiares e colegas sobre isso para que façam o mesmo.

REFERÊNCIAS

Vídeos

- Cuidados com procedência e qualidade da carne:
https://www.youtube.com/watch?v=ZujdTrW3bMs

- Carne sem procedência:
https://www.youtube.com/watch?v=0-O7UAiOxBI

- Carne ao molho madeira, do Greenpeace Brasil:
https://www.youtube.com/watch?v=dHvdic-wI5g

Sites

- Sobre a procedência da carne:
http://gtps.org.br/industria-da-carne-bovina-demonstra-controle-sobre-a-procedencia-de-sua-materia-prima
https://sebrae-sp.jusbrasil.com.br/noticias/2326471/selo-de-procedencia-valoriza-carne-em-ate-40

DIFICULDADE ☑☑☐☐☐

Fácil!

#43 Ajude uma causa na internet

Dica: Procure sites de ONGs de confiança.

Compartilhe: Qual causa você ajudou? Por que você escolheu essa causa?

REALIZADA ☐ TOTALMENTE ☐ PARCIALMENTE ☐ INICIALMENTE

Muitas pessoas têm vontade de fazer o bem ao próximo, mas dizem que lhes falta tempo para fazer algo pessoalmente. Reclamam de ter uma vida pessoal atarefada ou uma vida profissional corrida. São desculpas compreensíveis nos dias de hoje, porém não podem atrapalhar ou acabar com a vontade de fazer algo pelo meio ambiente ou por alguma causa social.

Atualmente, existem muitas organizações não governamentais e instituições dedicadas a cuidar de minorias ou de grupos que estejam em situação de risco social. Essas organizações arrecadam fundos para manter suas causas por meio de seus sites na internet ou de sites de financiamento coletivo. E você pode ajudá-las não necessariamente com dinheiro, mas também por meio da doação de alimentos ou de objetos de higiene.

A doação pode ser de qualquer valor, o importante é doar se você tiver condições. Além disso, apenas entrando no site de algumas organizações, você já ajuda. Como? Esses sites funcionam com a contagem das visualizações e visitas, ou seja, os cliques que a página recebe. Um exemplo é o GreenClick, que arrecada dinheiro dos patrocinadores por ter sua página acessada. Para consultar como ajudar, você pode acessar o site do Fundo Municipal dos Direitos da Criança e do Adolescente (Fumcad), criado especialmente para direcionar os interessados em ajudar as crianças.

Talvez esta seja a ação mais fácil de todas as indicadas neste livro, pois leva pouco tempo para ser executada. Você também pode adotar uma instituição e apoiá-la de tempos em tempos. Se já leu os capítulos anteriores, vai se lembrar das ações de ser voluntário por um dia para depois se tornar um voluntário frequente. Esta ação possui o mesmo princípio: ajude uma vez e se sentirá incentivado a ajudar sempre.

Criar um mundo melhor leva tempo e requer trabalho, mas traz uma sensação recompensadora. Comece hoje a doar!

REFERÊNCIAS

Sites

- Dia de doar:
www.diadedoar.org.br

- Fumcad:
http://fumcad.prefeitura.sp.gov.br/forms/principal.aspx

- GreenClick:
http://www.greenclick.com.br

- Projetos para doações coletivas:
www.kickante.com.br
www.benfeitoria.com
www.juntos.com.vc

DIFICULDADE ☑☑☐☐☐

Baixe já!

#44 Baixe um aplicativo que ajude o mundo

Dica: Busque um aplicativo com uma causa com a qual você tenha afinidade

Compartilhe: Qual aplicativo você baixou? Que causa esse aplicativo ajuda?

REALIZADA ☐ TOTALMENTE ☐ PARCIALMENTE ☐ INICIALMENTE

Estamos em uma era tecnológica, em que o foco da maioria das pessoas está nos pequenos aparelhos que carregamos nas bolsas ou nos bolsos: o celular.

Realmente, podemos fazer muitas atividades com os nossos celulares, dispositivos que hoje em dia fazem muito mais do que ligações e envio de mensagens. Podemos fazer chamadas de vídeo, usar aplicativos que nos colocam em contato com diversas pessoas ao redor do mundo, comprar produtos e serviços e até mesmo fazer qualquer tipo de pesquisa em alguns segundos.

O celular possui muitas funcionalidades. Então, por que não ser mais um objeto usado na luta por um mundo mais sustentável?

Existe uma gama enorme de aplicativos (*apps*) sendo criados a cada instante, cada um com um objetivo diferente. E alguns são criados para tentar diminuir os impactos ambientais e sociais que nós causamos no nosso dia a dia.

Um exemplo de aplicativo útil é o Good Guide, que nos ajuda a fazer compras mais conscientes. Ele basicamente utiliza a câmera do seu celular para escanear o código de barras do produto e informar se ele possui substâncias nocivas, se a produção afeta o meio ambiente ou se a empresa produtora utiliza trabalho escravo. Caso a resposta seja positiva, o *app* sugere alternativas de compra.

Existem outros exemplos, como o Sparked ou o GlobalGiving, que são voltados para ajudar ONGs ou projetos humanitários que estejam precisando de ajuda ou de financiamento. Alguns *apps* de carona também podem ser considerados ambientalmente amigáveis, porque incentivam as pessoas a reduzirem a utilização dos próprios carros, diminuindo o trânsito e a produção de carbono.

A intenção deste capítulo é que você baixe um desses aplicativos e tente usá-lo por um dia inteiro. Caso goste da iniciativa, baixe outros aplicativos, atuando diariamente para tornar o mundo um lugar mais sustentável.

REFERÊNCIAS

Sites

– Dicas de aplicativos que podem ajudar o mundo:

https://super.abril.com.br/tecnologia/27-aplicativos-para-salvar-o-mundo

https://catracalivre.com.br/geral/cidadania/indicacao/15-aplicativos-para-salvar-o-mundo

https://www.buzzfeed.com/jessicaprobus/25-aplicativos-gratuitos-que-estao-fazendo-do-mund?utm_term=.efJN4ggab#.mt60WYY51

https://spotniks.com/18-aplicativos-gratuitos-de-celular-que-estao-ajudando-transformar-o-mundo

DIFICULDADE ☑☑☑☐☐

Ache uma caixa de doação!

#45 Doe sua nota fiscal para uma instituição social

Dica: Compre, não peça o CPF na nota e insira o cupom fiscal na caixa de alguma instituição.

Compartilhe: Em que loja você comprou e doou? Para qual organização você doou?

REALIZADA ☐ TOTALMENTE ☐ PARCIALMENTE ☐ INICIALMENTE

Existem muitas formas de doação. Você pode doar comida, objetos de higiene pessoal, quantias em dinheiro ou, até mesmo, doar um pouco de seu tempo trabalhando como voluntário em instituições que precisem. Nos últimos anos, foi criada mais uma forma de doação, voltada para as pessoas e instituições que estão nos estados de São Paulo e Paraná.

Em São Paulo, existe o sistema da Nota Fiscal Paulista, que dá alguns benefícios para os contribuintes que colocam o seu CPF no cupom fiscal, como créditos e bilhetes para concorrer aos sorteios feitos pelo sistema. A nota também pode ser doada a uma instituição sem fins lucrativos que preste assistência social, seja na área da saúde ou de defesa e proteção animal.

Se você mora em São Paulo, já deve ter passado por estabelecimentos em que há uma caixa para você depositar a sua nota fiscal (sem o CPF) como forma de doação para ajudar uma instituição específica. Uma farmácia, uma loja no shopping ou um supermercado, por exemplo. Essas caixinhas são justamente para que você faça a ação que está sendo sugerida neste capítulo. Você não terá nenhum trabalho além de colocar sua nota dentro da caixa.

Caso não encontre nenhuma dessas caixinhas solidárias, você mesmo pode fazer a doação pelo site da instituição de sua escolha. Basta colocar as informações solicitadas, que normalmente são o CNPJ do estabelecimento, a data da nota fiscal, o COO, o valor da nota, para a nota fiscal comum, e a chave de acesso, caso seja a eletrônica.

Há também a possibilidade de fazer a doação pelo aplicativo da própria Nota Fiscal Paulista, que pode ser encontrado tanto na Google Store quanto na Apple Store. Siga os mesmos procedimentos de colocar as informações ou utilize sua câmera para capturar o QR Code da sua nota e faça sua doação de forma mais rápida!

É uma ação simples, que pode ajudar muitas causas diferentes. Só depende de você escolher a causa com a qual mais se identifica ou até mesmo ajudar uma por vez. Caso não tenha essa opção no seu estado, tente sugerir aos políticos da região, pois a ação ajuda inclusive na arrecadação de impostos do estado.

REFERÊNCIAS

Vídeo

- Aplicativo da Nota Fiscal Paulista: veja como usar a ferramenta, do Governo do Estado de São Paulo:

https://www.youtube.com/watch?v=0SLQvKGHY8E

Sites

- Nota Fiscal Paulista:

http://www.nfp.fazenda.sp.gov.br/perguntas.shtm

- Instituições que aceitam doações:

http://hotsite.casasandreluiz.org.br/sua-nota-vale-uma-nota

http://www.sefras.org.br/novo/como-ajudar/doe-sua-nota-fiscal

- Consumidor pode fazer doação automática de créditos da Nota Fiscal Paulista a ONGs:

https://g1.globo.com/sp/sao-paulo/noticia/consumidor-pode-fazer-doacao-automatica-de-creditos-da-nota-fiscal-paulista-a-ongs.ghtml

DIFICULDADE ☑☑☑☐☐
Mude seus hábitos!

#46 Mitigue a sua pegada ecológica

Dica: Faça o cálculo e vá mudando seus hábitos.
Compartilhe: Sua pegada ecológica é muito grande? Quais hábitos você pretende mudar para diminuí-la?

REALIZADA ☐ TOTALMENTE ☐ PARCIALMENTE ☐ INICIALMENTE

Tudo o que fazemos e consumimos tem algum impacto na natureza, direta ou indiretamente. Bem, basicamente, essa é a pegada ecológica. São as marcas que deixamos no meio ambiente, como as pegadas que você deixa na areia da praia. Esse indicador serve para medir a quantidade de recursos naturais renováveis que são necessários para manter o estilo de vida humano. A maioria das pessoas tem esse conhecimento, mas poucos de forma consciente.

O mais importante sobre a pegada é que ela nos permite conhecer o quanto gastamos da natureza e como podemos reduzir esse gasto. Pois, se continuarmos consumindo como hoje, de acordo com dados da Global Footprint Network (GFN), em 2050, serão necessários quase três planetas para sustentar a população mundial.

Contudo, não é só a expressão "pegada ecológica" que é necessário explicar. Você sabe o que significa "mitigar"? É o ato de diminuir a intensidade de algo ou fazer com que a ação fique mais branda. E o objetivo deste capítulo é diminuir a pegada ecológica que deixamos no mundo.

O cálculo da pegada inclui os aspectos do consumo de recursos e da produção de resíduos para os quais a Terra tem capacidade regenerativa. E é um indicador que deve ajudar na gestão pública de municípios, estados e países.

Podemos fazer muito para alcançar essa meta, e já colocamos muitas possibilidades nos capítulos anteriores (trocar a sacola plástica pela dobradura de jornal, por exemplo). Este livro, aliás, também tem essa finalidade. Mas é importante fazer o cálculo! Veja neste capítulo alguns links para calcular a sua pegada ecológica.

Como diminuir sua pegada vai depender dos hábitos de cada um; contudo, há algumas ações que são universais. Você pode melhorar os seus hábitos de consumo, como trocar seus eletrônicos apenas quando for realmente necessário. Pode usar energia mais limpa. Também pode consumir menos água e menos energia no banho, seguindo várias das ações comentadas no livro. E deve, sem dúvida, começar a reciclar o lixo.

Uma por uma, cada ação se conecta para que nossa pegada ecológica diminua e possamos, de forma mais contundente, alcançar os Objetivos de Desenvolvimento Sustentável (ODS).

REFERÊNCIAS

Vídeo

– Aula sobre a pegada ecológica:
https://www.youtube.com/watch?v=H_kQpgVe7Ds

– Palestra sobre inovação para reduzir a pegada ecológica:
https://www.youtube.com/watch?v=DYBMiXuF920

Sites

– Calcule a sua pegada ecológica:
www.pegadaecologica.org.br
http://www.suapegadaecologica.com.br

– O que é a pegada ecológica:
http://envolverde.cartacapital.com.br/que-pegadas-voce-esta-deixando-no-planeta
https://www.wwf.org.br/natureza_brasileira/especiais/pegada_ecologica/o_que_e_pegada_ecologica

DIFICULDADE ☑☑☐☐☐

Fácil! É só encontrar o produto certo!

#47 Escolha produtos de limpeza mais sustentáveis

Dica: Leia sempre os rótulos.

Compartilhe: Que produtos você achou? Eles são realmente eficientes?

REALIZADA ☐ TOTALMENTE ☐ PARCIALMENTE ☐ INICIALMENTE

As melhores alternativas para o meio ambiente são aquelas que foram criadas para serem mais sustentáveis e com o cuidado de manter agentes químicos ou tóxicos longe do consumidor. Alimentos orgânicos, eletrodomésticos com os selos apropriados e objetos reciclados são apenas alguns citados neste livro. Há também outro produto do dia a dia que pode ser substituído por um mais sustentável: o produto de limpeza.

Existem duas formas para que os produtos de limpeza sejam considerados mais sustentáveis. A primeira delas é se estiverem em sua forma concentrada. Isso acontece porque se utiliza menos água na produção deles, além de se gastar menos energia para o transporte, por serem mais leves. Sem contar que os produtos concentrados têm embalagens menores e também podem ser substituídos pelos sachês, evitando que se desperdice mais com embalagens e matérias-primas.

A segunda forma é se o produto tiver sido criado com foco em agredir menos o meio ambiente. Por exemplo, a Cassiopeia é a responsável pela marca de produtos sustentáveis conhecida como BioWash, uma linha com produtos biodegradáveis e de formulação livre de petroquímica, a pioneira no Brasil.

Existem outras opções de marcas sustentáveis e até de como fazer em casa o seu próprio produto de limpeza. Às vezes o preço pode ser um pouco mais alto que a opção "normal", porém é uma solução de longo prazo e você estará preservando o meio ambiente. Além disso, caso já esteja realizando outras ações deste livro, terá visto que muitas ajudam a diminuir as contas, permitindo o investimento em ações mais sustentáveis.

Citamos repetidas vezes os Objetivos de Desenvolvimento Sustentável (ODS) da ONU e a importância da natureza para o futuro de todos. Por isso, a ação de hoje é procurar ou produzir produtos de limpeza mais sustentáveis e adequá-los à sua rotina de limpeza, além de divulgar esses produtos para amigos e parentes e em suas redes sociais. Vamos multiplicar conhecimentos!

REFERÊNCIAS

Sites

– Produtos de limpeza concentrados são opções mais sustentáveis:
https://www.ecycle.com.br/component/content/article/35/582-produtos-de-limpeza-concentrados-sao-opcoes-mais-sustentaveis.html

– BioWash: conheça diversos produtos de limpeza 100% naturais:
https://www.ecycle.com.br/component/content/article/67-dia-a-dia/4775-ja-pensou-sustentavel-tambem-hora-limpar-casa-produtos-limpeza-sustentaveis-biodegradaveis-empresa-cassiopeia-biowash-meio-ambiente-aloe-vera-eucalipto-detergente-multiuso-natural-concentrados-externalidades-mercado.html

– Como fazer produtos para a limpeza (sustentável) da cozinha:
https://www.greenme.com.br/como-fazer/735-como-fazer-produtos-para-a-limpeza-sustentavel-da-cozinha

DIFICULDADE ☑☐☐☐☐
Fácil demais!

#48 Utilize sacolas retornáveis ou de fonte de origem renovável

Dica: Só precisa se lembrar de levar sua sacola para as compras!

Compartilhe: Em quanto reduziu seu consumo de sacolas plásticas?

REALIZADA ☐ TOTALMENTE ☐ PARCIALMENTE ☐ INICIALMENTE

É importante reforçar que o plástico é uma das maiores facilidades para o consumo, mas também um problema para a natureza. Além de poder levar mais de duzentos anos para se decompor na natureza, a maioria dos tipos de plástico utiliza um recurso natural não renovável, o petróleo, em sua produção.

Este capítulo é sobre as sacolinhas plásticas que quase sempre usamos para carregar as compras de alguns estabelecimentos, como farmácias, supermercados e feiras. Por não se decomporem rápido, elas acabam se espalhando pelo meio ambiente e, consequentemente, prejudicam animais terrestres e marinhos.

Já mencionei, em outros capítulos do livro, como diminuir o uso dessas sacolas dentro de nossas casas e estabelecimentos de trabalho (ao sugerir a adoção de dobraduras de jornal nas lixeiras como alternativa, por exemplo), mas como diminuir o consumo dessas sacolinhas em geral? Provavelmente, você já reparou, em alguns supermercados, nas sacolas feitas de papel, pano ou outros produtos de origem renovável.

Os preços dessas sacolas são diversos, e elas podem ser personalizadas ou não, mas o importante é o material de que são feitas e o quanto elas durarão. A ação de hoje é justamente a troca das sacolinhas plásticas por sacolas retornáveis ou por sacos de papel que possam ser reciclados. Além de ajudar o meio ambiente, essa substituição pode ajudar o seu bolso, porque, em alguns estabelecimentos da cidade de São Paulo, por exemplo, já é necessário pagar pelas sacolinhas plásticas.

Você pode comprar duas sacolas retornáveis no supermercado mais próximo (ou fazê-las você mesmo, seguindo algum tutorial) e passar a utilizá-las no seu dia a dia.

O novo hábito que você deve adquirir é lembrar de levá-las todas as vezes que for fazer compras! Assim, adquira hoje uma sacola retornável e ajude o meio ambiente a ficar cada vez mais distante do plástico e de seus perigos.

REFERÊNCIAS

Vídeos

- Os animais e as sacolas plásticas:

https://www.youtube.com/watch?v=bMLZIrbkjHE

https://www.youtube.com/watch?v=3hwF1ajh-gU

- De onde vem? Para onde vai? Sacolas plásticas, do Instituto Akatu:

https://www.youtube.com/watch?v=AXrIWrJL0bw&t=4s

- Sacola ecológica com camiseta vermelha, do Manual do Mundo:

https://www.youtube.com/watch?v=vIqhA5ijf4A

Sites

- Projeto sacola retornável:

http://www.funverde.org.br/blog/sacolas/projeto-sacola-retornavel

- O tempo de decomposição do plástico:

http://www.revistaecologico.com.br/noticia.php?id=2662

DIFICULDADE ☑☑☑☐☐

Pesquise bastante!

#49 Escolha sapatos e tênis certificados ou mais sustentáveis

Dica: Pesquise e garanta que seus sapatos/tênis sejam mais sustentáveis!

Compartilhe: Foi difícil encontrar sapatos mais sustentáveis?

REALIZADA ☐ TOTALMENTE ☐ PARCIALMENTE ☐ INICIALMENTE

Ao redor do mundo e também no Brasil, cresce cada vez mais a preocupação de marcas grandes e pequenas em fornecer produtos que sejam desenvolvidos usando matérias-primas mais sustentáveis. O número de pessoas preocupadas com as questões levantadas pelos Objetivos de Desenvolvimento Sustentável (ODS) da ONU também vem aumentando.

Neste livro, citamos alguns produtos que possuem selos de eficiência e certificação, que garantem sua funcionalidade e uma produção correta. Esses selos também comprovam o cuidado dos fabricantes ao adquirir matérias-primas de fontes confiáveis, que não estejam envolvidas com desmatamento ou atividades ilegais, por exemplo.

Sabe-se que a indústria da moda é uma das mais poluentes do mundo, e o sapato é uma vestimenta em que se utilizam diversas matérias-primas (a borracha, o pano, o couro, entre outras). Por essa razão, algumas marcas começaram recentemente a usar fios biodegradáveis, e uma em específico chegou a criar um tênis feito de plástico retirado do oceano. Existem ainda sapatos com certificação vegana e outros com couro orgânico e borracha de reciclagem.

Se você está se perguntando o porquê de consumir esse tipo de produto, a resposta é muito simples: além de ajudar o meio ambiente, ao comprar produtos que terão uma vida útil mais longa, você incentiva as empresas a continuarem com campanhas e produtos como esses. Quanto mais consumirmos produtos mais sustentáveis, mais as empresas sentirão a necessidade de se adequar a esse novo mercado.

A ação de hoje é procurar saber sobre sapatos e tênis sustentáveis e as empresas que os produzem, para então passar a consumir de marcas mais sustentáveis. Você pode fazer isso também com as roupas, e ir adequando seu guarda-roupa.

A busca por um mundo mais sustentável começa quando mudamos primeiro nossos costumes e ações! Por isso, vamos seguir em frente com pequenas ações até que tenhamos uma vida mais sustentável!

REFERÊNCIAS

Vídeo

- 4 marcas de sapatos mais sustentáveis:
https://www.youtube.com/watch?v=MejZQ64Cf2I

Sites

- Tênis confortável, rápido e sustentável:
https://www.ecycle.com.br/component/content/article/41/340-tenis-confortavel-rapido-e-sustentavel.html

- Adidas lança campanha "Pegada Sustentável":
https://www.ecycle.com.br/component/content/article/35/768-adidas-lanca-campanha-qpegada-sustentavelq-.html

DIFICULDADE ☑☑☑☐☐

Pesquise com carinho!

#50 Não compre roupas produzidas a partir de trabalho escravo, análogo a escravo ou infantil

Dica: Pesquise e descubra se sua roupa é produzida de forma honesta!

Compartilhe: Foi difícil encontrar informações sobre isso? Para comprar, precisou mudar muito?

REALIZADA ☐ TOTALMENTE ☐ PARCIALMENTE ☐ INICIALMENTE

Os Objetivos de Desenvolvimento Sustentável (ODS) da ONU são bastante claros a respeito de como a vida humana deve ser tratada, mais especificamente os objetivos 1, 2, 3, 4, 5, 8 e 10.

Este capítulo está mais ligado aos objetivos 3 (saúde e bem-estar) e 8 (trabalho decente e crescimento econômico): o trabalho infantil, escravo ou análogo ao escravo.

O trabalho escravo é a condição de uma pessoa que é obrigada a executar tarefas contra sua vontade, em um meio degradante e com um estilo de vida indigno. Já o trabalho análogo ao escravo é aquele que, embora não seja escravo, apresenta condições muito semelhantes – um salário extremamente baixo, por exemplo. Existem definições muito claras da Organização Internacional do Trabalho (OIT), agência multilateral da ONU, sobre o que caracteriza esse tipo de trabalho.

E por que, neste livro, tocar nesse assunto tão polêmico? Por dois simples motivos. Primeiro, porque o trabalho escravo (ou análogo a escravo) e o trabalho infantil ferem a Declaração Universal dos Direitos Humanos e vários dos objetivos da ONU. Segundo, porque, nos últimos anos, têm aparecido diversas notícias sobre marcas de roupas e seus fornecedores usando trabalho escravo. Além disso, sabe-se que o trabalho infantil vem crescendo no Brasil e mais de 1 milhão de crianças e adolescentes se encontram nessa situação.

Citar marcas envolvidas nesses escândalos não é a ideia do livro, mas a intenção é que esse modo de trabalho acabe. Como podemos falar de sustentabilidade se o básico dos direitos humanos não está sendo respeitado?

Em todo o mundo, há muitas ações para acabar com o trabalho escravo e o trabalho infantil. ONGs, governos, universidades, empresas e sociedades civis estão juntas para combater essa forma barata e desumana de produção.

O que podemos fazer a respeito disso é muito simples. Da mesma forma que, ao consumirmos um produto, estamos incentivando a sua produção, se pararmos de comprá-lo, a produção diminuirá, modificando o mercado ao longo do tempo. É essencial conseguir acabar com o trabalho escravo e infantil. Essa é a melhor maneira de a população se voltar contra algo a que se opõe.

Por isso, pesquise sobre os escândalos que existem e quais empresas estão envolvidas. E, quando for comprar roupas novas, reflita sobre as alternativas mais corretas. Vamos seguir em frente com ações que realmente podem mudar o mundo!

REFERÊNCIAS

Vídeos

- Ciclo do trabalho escravo contemporâneo:
https://www.youtube.com/watch?v=Q1T9qRb9B8E

- Documentário "Brasil x trabalho infantil" (2014), da TV Cultura:
https://www.youtube.com/watch?v=AaRLn_0418g

Sites

- Simpósio contra o trabalho escravo:
http://www.saopaulo.sp.gov.br/spnoticias/simposio-debate-desafios-perspectivas-e-a-coes-para-erradicar-o-trabalho-escravo

- O que é trabalho escravo:
http://reporterbrasil.org.br/trabalho-escravo

- Brasil tem quase 1 milhão de crianças e adolescentes em trabalho irregular:
http://www1.folha.uol.com.br/mercado/2017/11/1939132-74-das-criancas-e-adolescentes-que-trabalham-nao-recebem-remuneracao.shtml

DIFICULDADE ☑☐☐☐☐

Facílimo!

#51 Não compre produtos pirateados

Dica: Pesquise a procedência do produto e peça somente o original.

Compartilhe: Você se deparou com muitos produtos pirateados? Quais?

REALIZADA ☐ TOTALMENTE ☐ PARCIALMENTE ☐ INICIALMENTE

A pirataria de produtos de consumo, tanto físicos como digitais, é um problema que afeta diretamente o crescimento econômico de um país, pois quem pirateia não paga impostos e está fora da lei. Como não existe um controle mínimo, o "pirata" pode usar recursos não sustentáveis e matérias-primas provenientes de situações ilegais. Além disso, produtos piratas podem fazer mal à saúde das pessoas que os consomem, por exemplo, nos casos de baterias de celulares piratas, que podem estourar se superaquecidas, e de brinquedos piratas, que não são testados e, em alguns casos, podem conter substâncias tóxicas, como o chumbo. Temos que pensar também na mão de obra, que pode ter sido escrava ou infantil.

Muitos produtos piratas são apreendidos anualmente pela Receita Federal no Brasil. Só em 2016, o valor ultrapassou 1 bilhão de reais. Alguns especialistas explicam que a pirataria é um grande problema devido às condições sociais do país; outros dizem que a culpa é da aceitação do brasileiro para com essa ilegalidade. Independentemente da causa, a melhor forma de combate é a conscientização.

A ação de hoje é parar de consumir produtos piratas. Pergunte-se: você consome esse tipo de produto? Se sim, veja se ainda tem algum em casa. Não precisa jogar fora os produtos piratas que já possui. Mas, sabendo que você os tem em casa, aprenderá quais mais consome e ficará mais fácil mudar seus hábitos.

Lembre-se: tudo que deixa resultados negativos tanto no meio ambiente quanto na vida humana (mesmo que de forma indireta) possui sua contraparte sustentável. Sigamos em frente, buscando uma vida mais sustentável.

REFERÊNCIAS

Vídeo

– Você consome pirataria?

https://www.youtube.com/watch?v=FDaOgBWCMA4

Sites

– O que é pirataria?

http://brasilescola.uol.com.br/curiosidades/pirataria.htm

– Pirataria é crime?

http://direito.folha.uol.com.br/blog/pirataria-crime

– Os produtos piratas apreendidos pela Receita:

https://exame.abril.com.br/brasil/os-produtos-piratas-mais-apreendidos-pela-receita

– Por que a pirataria é tão fácil no Brasil?

http://epoca.globo.com/economia/noticia/2017/11/por-que-pirataria-e-tao-facil-no-brasil.html

– Pirataria e o acesso ao consumo:

http://mundoeducacao.bol.uol.com.br/sociologia/a-pirataria-crime.htm

DIFICULDADE ☑☐☐☐☐

Superfácil!

#52 Cuidado com sites de compra muito baratos

Dica: Atenção para compras pela internet!

Compartilhe: De quais sites você desconfia? Você já comprou neles?

REALIZADA ☐ TOTALMENTE ☐ PARCIALMENTE ☐ INICIALMENTE

Se você usa muito as redes sociais, já deve ter visto diversas propagandas e anúncios atraentes. Uma câmera muito mais barata, um tênis pela metade do preço, diversos produtos anunciados como originais e oferecidos pela metade do preço ou menos.

Há vários motivos pelos quais ficamos animados com essas ofertas; afinal, quem não quer ter coisas bacanas ou que estão na moda por um preço menor? Além disso, mães e pais querem dar bons presentes para seus filhos. Contudo, nem sempre esses sites com ofertas tentadoras são confiáveis.

Você já se perguntou o porquê dos preços tão baixos? Uma vez, estava conversando com uma amiga muito próxima sobre esse tema e fiz essa pergunta a ela. Só então "a ficha caiu".

Para que o preço esteja tão diferente da nossa realidade, provavelmente não foram levados em conta o preço e o impacto das externalidades. Mas o que são as externalidades?

Em alguns casos, esses produtos muito mais baratos são resultados de trabalho escravo ou infantil. Podem ser peças de contrabando ou de muitas outras possibilidades ilegais, como se pode ver em outros capítulos deste livro. Essas são as externalidades: efeitos sociais, econômicos e ambientais indiretamente causados pela venda de um produto ou serviço.

Por isso, a ação de hoje é pesquisar os sites de compras muito baratos e verificar os produtos, as fontes, os produtores, os fornecedores, as reclamações. Quando você vir um desses anúncios e for fazer compras pela internet, lembre-se dos sites pesquisados.

Muitas vezes, estamos longe dos locais de produção e dos fornecedores desses sites, que ficam em diversos casos do outro lado do planeta, no oriente, e podemos pensar que "não é problema nosso". Porém, em algum momento, o problema chegará a nós. Se queremos ampliar a consciência para as questões de sustentabilidade, temos que entender que o planeta é um só e a humanidade também. Amplie sua forma de pensar e se desafie para as questões sustentáveis.

REFERÊNCIA

Site

– Saiba quais são os sites de compras não confiáveis do Procon-SP:
http://www.saopaulo.sp.gov.br/spnoticias/ultimas-noticias/saiba-quais-sao-os-sites-de-compras-nao-confiaveis-do-procon-sp

DIFICULDADE ☑☐☐☐☐

Mamão com açúcar!

#53 Informe-se sobre o consumo consciente

Dica: Vá atrás e divulgue!

Compartilhe: Quais pontos você acha mais importantes? O que você aprendeu sobre o tema?

REALIZADA ☐ TOTALMENTE ☐ PARCIALMENTE ☐ INICIALMENTE

Você sabe o que é o consumo consciente? É ter a noção de que tudo que você consome causa algum impacto no meio ambiente e nas pessoas (seja positivo ou negativo). Também é tomar o cuidado necessário para que esses impactos aconteçam cada vez menos ou em menor intensidade.

Atualmente, consumimos 30% a mais do que o planeta Terra pode produzir. Estudiosos acreditam que, daqui a apenas 50 anos, serão necessários dois planetas para produzir o suficiente para manter toda a humanidade viva. O termo "consumo consciente" foi criado exatamente para conseguir explicar para todos nós a importância de termos cuidado com o ato de consumir. O termo está completamente ligado ao conceito de "pegada ecológica", explicado mais detalhadamente no Capítulo 46.

O mais importante para o desenvolvimento sustentável é a informação. Se você não entender o que está fazendo, não se empenhará em executar as ações necessárias. Atualmente, a informação é uma das armas mais poderosas que temos a favor do conceito de sustentabilidade e do caminho que precisamos trilhar para construir um mundo melhor.

Por isso, comece a se informar sobre o que é o consumo consciente. Entenda os doze princípios desse conceito, que englobam ideias simples, como "planeje suas compras", "reutilize produtos e embalagens", "cobre dos políticos", entre outras. Muitos dos temas estão colocados ao longo deste livro. Além disso, não se esqueça, depois de se informar sobre consumo consciente, multiplique o conhecimento para outras pessoas.

REFERÊNCIAS

Vídeo

- Projeto USE - Consumo Consciente:

https://www.youtube.com/watch?v=ydD5bG4AKJc

Sites

- Os doze princípios do consumo consciente:

https://www.akatu.org.br/noticia/conheca-os-12-principios-do-consumo-consciente

- Sobre consumo consciente:

http://www.mma.gov.br/legislacao/item/7591

http://www1.folha.uol.com.br/mercado/consumo-consciente

DIFICULDADE ☑☑☐☐☐

Facílimo!

#54 Assista a filmes cujo tema seja a sustentabilidade

Dica: Leia a sinopse, pegue a pipoca e divirta-se!

Compartilhe: A qual filme você assistiu? Você gostou? Qual a ligação dele com a sustentabilidade?

REALIZADA ☐ TOTALMENTE ☐ PARCIALMENTE ☐ INICIALMENTE

Uma das melhores formas de aprender é usando a diversão ou associando o contexto de aprendizagem a algo de que gostamos muito. Comprovamos essas ações pela maneira como as crianças aprendem, por exemplo.

Entre as ações mais importantes para ajudar a tornar o mundo um lugar mais sustentável estão a informação e o conhecimento. Entendendo a mensagem e o conceito que a sustentabilidade deseja alcançar, fica mais fácil aplicar muitas das ações mostradas neste livro.

O entretenimento nos oferece diversas mídias que trabalham com a sustentabilidade como base. Muitos filmes infantis trazem visões interessantes e abordagens simples sobre o assunto. Vejamos, por exemplo, *Wall-E*, que mostra o futuro do planeta Terra caso continuemos com a excessiva produção de lixo e resíduos. Ou *Lorax*, uma animação que mostra um garoto que deseja levar a menina por quem é apaixonado em uma aventura para realizar seu sonho: ver uma árvore de verdade. Ambos os filmes abordam a questão da natureza e a importância dela para nossas vidas.

Entre os filmes para jovens e adultos, há diversos títulos que abordam o conhecido tema do "fim do mundo", como *O dia depois de amanhã*, que trabalha a temática do aquecimento global, ou *Avatar*, que fala sobre a importância do ecossistema.

Existem também documentários especialmente feitos para abordar certos problemas relacionados ao meio ambiente e ao ser humano em geral. Só precisamos prestar atenção para compreender as mensagens e as cenas relacionadas ao tema.

Por isso, entre todas as ações deste livro, esta provavelmente será uma das mais fáceis. Basta buscar os filmes indicados e assistir (mas lembre-se de não baixar os filmes ilegalmente!). Não se esqueça, depois, de divulgar e comentar com seus amigos, colegas e familiares.

REFERÊNCIAS

Filmes

- *Wall-E* (2008)
- *Erin Brockovich: uma mulher de talento* (2000)
- *Lorax* (2012)
- *O dia depois de amanhã* (2004)
- *A história das coisas* (2007)
- *Ilha das flores* (1999)
- *Rio* (2011)
- *Happy feet: o pinguim* (2006)
- *Avatar* (2009)
- *Chinatown* (1974)
- *A onda* (2008)
- *Sammy: a grande fuga* (2012)
- *Os delírios de consumo de Becky Bloom* (2009)
- *O preço do amanhã* (2011)
- *Tempos modernos* (1936)

DIFICULDADE ☑☐☐☐☐

Fácil demais!

#55 Assista a documentários

Dica: Busque documentários alternativos, que não sejam de Hollywood.

Compartilhe: A quais documentários você assistiu? O que achou?

REALIZADA ☐ TOTALMENTE ☐ PARCIALMENTE ☐ INICIALMENTE

Entre as ações de conscientização e aprendizado, uma opção mais direta que os filmes de entretenimento é assistir a documentários que tratem especificamente sobre sustentabilidade e os impactos do homem sobre a natureza e sobre outras pessoas.

Existem diversos documentários disponíveis para assistir que mostram situações como a do homem em relação ao seu lixo (*Lixo extraordinário*) ou em desarmonia com o meio ambiente (*Uma verdade inconveniente*). Há documentários que falam de desastres naturais e de como eles podem ser influenciados pelo ser humano.

Como estamos na era da informação, precisamos nos manter atualizados sobre as alterações sofridas pelo meio ambiente. Contudo, apenas as notícias de jornal não são o suficiente para aprofundar o conhecimento dos danos que estamos causando. Por isso, documentários podem ser a melhor forma de explicar alguns dos problemas.

Assistindo a alguns documentários, podemos nos sensibilizar ainda mais com o que está acontecendo ao nosso redor. Procure por títulos que tratem de um assunto que você precisa entender melhor, como o documentário *Seremos história?*, com Leonardo DiCaprio, que fala sobre mudanças climáticas, ou o já citado *Uma verdade inconveniente*, com Al Gore, que explica o aquecimento global.

Busque na internet por documentários que vão mudar o seu jeito de pensar. Conheço até algumas pessoas que viraram vegetarianas ou veganas depois de assistir a documentários sobre a produção e o processamento da carne.

Assista, comente e divulgue os documentários a que assistir!

REFERÊNCIAS

Filmes

- *Seremos história?* (2016)
- *Home: nosso planeta, nossa casa* (2009)
- *Uma verdade inconveniente* (2006)
- *A era da estupidez* (2009)
- *Alimentos S.A.* (2008)
- *Lixo extraordinário* (2010)
- *Mataram Irmã Dorothy* (2008)
- *O mundo sem ninguém* (2009)
- *Cowspiracy: o segredo da sustentabilidade* (2014)
- *A última hora* (2007)
- *A enseada* (2009)
- *Sustentável* (2016)
- *Como mudar o mundo* (2015)
- *Quem se importa* (2013)
- *Flow: pelo amor à água* (2008)
- *A corporação* (2003)
- *2012: tempo de mudança* (2010)
- *Minimalism: um documentário sobre coisas importantes* (2016)
- *The true cost* (2015)

DIFICULDADE ☑☑☑☑☑

Requer planejamento financeiro estruturado!

#56 Viaje para uma cidade sustentável

Dica: Pesquise quais cidades são consideradas mais sustentáveis.

Compartilhe: Como foi sua viagem para a cidade mais sustentável? Por que ela era mais sustentável?

REALIZADA ☐ TOTALMENTE ☐ PARCIALMENTE ☐ INICIALMENTE

Uma cidade sustentável é aquela que busca dar o destino correto aos resíduos sólidos e, com isso, ter um melhor ordenamento do ambiente, além de diminuir a poluição (sonora e atmosférica) e melhorar a mobilidade, a eficiência energética e a economia de água, sempre pensando em seus habitantes.

No Brasil, existem várias cidades consideradas sustentáveis por rankings e listas. Sugerimos três cidades para começar: Londrina e Curitiba, ambas no Paraná, e João Pessoa, na Paraíba. A diferença dessas cidades para as outras é que os sistemas de mobilidade, escoamento e projetos para preservação ambiental são muito mais planejados e controlados. Essas cidades são exemplos a serem seguidos por todas, e a melhor maneira de aprender é visitando-as.

Cidades verdes são aquelas que conseguiram atingir alguns dos Objetivos de Desenvolvimento Sustentável (ODS) que a ONU propôs. Elas têm um estilo de vida mais sustentável e o cuidado necessário para que a população e o meio ambiente vivam em harmonia. Existe até o Programa Cidades Sustentáveis, liderado por organizações de referência: Instituto Ethos, Rede Nossa São Paulo e Rede Social Brasileira por Cidades Justas e Sustentáveis. Nos links deste capítulo, você encontra o site do programa, que é rico em informações, indicadores, boas práticas e muito conteúdo para aprendizagem.

Conhecendo essas cidades, você vai perceber como os projetos funcionam bem. A lista de projetos e políticas públicas é enorme: políticas de construções; mobilidade mais sustentável; prevenção de desastres; gestão dos resíduos perigosos e dos resíduos sólidos; manutenção de áreas de proteção permanente, parques e áreas verdes; controle de inundações, mananciais, orlas e parques fluviais; políticas de melhoria da qualidade do ar; entre outros.

Por isso, a ação de agora é planejar sua próxima viagem para uma cidade sustentável, e não precisa ser necessariamente no Brasil. Se puder, pode ser fora do país também. Tente estudar e entender tudo o que puder sobre os projetos, as políticas públicas e as ações que essas cidades implantaram. Lembre-se de que você também pode sugerir melhorias para seus governantes, ou até mesmo começar um projeto na sua região, com o apoio de seus vizinhos!

REFERÊNCIAS

Vídeos

– As cidades sustentáveis:

https://www.youtube.com/watch?v=5sTDik3rUug

https://www.youtube.com/watch?v=am2WOYu4iFc

https://www.youtube.com/watch?v=O5OmSWSRAqc

Sites

– Programa Cidades Sustentáveis:

http://www.cidadessustentaveis.org.br

– Entenda o que são cidades verdes e quais as principais estratégias de transformação do ambiente urbano:

https://www.ecycle.com.br/component/content/article/42-eco-design/4674-entenda-o-que-sao-as-cidades-verdes-e-quais-estrategias-tornam-sua-cidade-mais-verde-qualidade-vida-sustentabilidade-saudavel- mudancas-climativas-resiliente-igualdadade-autossuficiente-vida-saude-social-green-city-agua-energia-urbanizacao-ecodesign.html

– Curitiba é metrópole com vida mais sustentável do Brasil:

https://noticias.uol.com.br/meio-ambiente/ultimas-noticias/redacao/2017/05/26/curitiba-e-regiao-com-vida-mais-sustentavel-veja-ranking-de-metropoles.htm

– 10 cidades com projetos verdes inspiradores ao redor do mundo:

https://exame.abril.com.br/tecnologia/10-cidades-com-projetos-verdes-inspiradores

– 7 incríveis cidades verdes do futuro:
https://exame.abril.com.br/tecnologia/7-incriveis-cidades-verdes-do-futuro
– Cidades sustentáveis no Ministério do Meio Ambiente:
http://www.mma.gov.br/cidades-sustentaveis

DIFICULDADE ☑ ☑ ☐ ☐ ☐
Fácil e divertido!

Conheça outras culturas por meio de filmes #57

Dica: Não faça prejulgamentos e tente entender os desafios pela perspectiva dos personagens dos filmes.

Compartilhe: O que você entendeu dessa outra cultura? Quais as diferenças de pensamento entre as culturas?

REALIZADA ☐ TOTALMENTE ☐ PARCIALMENTE ☐ INICIALMENTE

Os Objetivos de Desenvolvimento Sustentável (ODS) da ONU prezam pela vida humana, sem exceções, e planejam alcançar igualdade e dignidade para todos ao redor do mundo. Sempre se fundam na Declaração Universal dos Direitos Humanos, a base para a convivência das pessoas neste planeta.

Um dos temas que mais caracterizam a humanidade de hoje é a diversidade. As tecnologias e a globalização fizeram com que muitos pensamentos, culturas e costumes se destacassem, mostrando como são diferentes uns dos outros. A quantidade de povos em nosso planeta dividindo o espaço de um país ou mesmo de uma cidade é enorme. Culturas diferentes se misturam para criar o mundo que conhecemos.

Aqui no Brasil, estamos acostumados com a palavra diversidade, mas ainda falta muito para que aceitemos e saibamos lidar com as diferenças que fazem parte de nosso dia a dia. O principal para o nosso desenvolvimento em direção à sustentabilidade é conhecermos ainda mais culturas. Aprender sobre vidas, hábitos, desafios e costumes diferentes nos deixa uma ampla possibilidade de compreendermos os objetivos da ONU que falam sobre igualdade, saúde e bem-estar, erradicação da pobreza e outros aspectos da vida humana.

Por isso, é muito importante assistir a filmes e ler livros sobre outras culturas. A ação de hoje é procurar e assistir a um filme que tenha sido produzido em outro país, que mostre sua cultura de maneira original e não imaginativa.

É importante notar que, caso não tenha sido produzido no país que retrata, existe a possibilidade de o filme se descaracterizar ou até ser preconceituoso na forma como a cultura é mostrada. Filmes de diversas épocas são sempre bem-vindos, mas procure por obras mais atuais. Se quiser conhecer mais sobre a Índia, por exemplo, é interessante procurar por títulos que tenham sido filmados em Bollywood, como *Jab Tak Hai Jaan* (2012). Uma opção de filme europeu é *A fraternidade é vermelha* (1994), de Krzysztof Kieślowski, filme que faz parte de uma trilogia criada em referência às cores da bandeira da França. Um filme atual e que foi indicado para várias categorias do Oscar é *Lion: uma jornada para casa* (2016), que mostra o panorama social na Índia e suas diferenças culturais.

Assistir a filmes é uma forma divertida e interessante de aprender, e por isso a ação de hoje será de grande valia para que possamos compreender a forma como cada povo vive. É o modo mais fácil de nos sensibilizarmos sobre outras culturas. Afinal, buscamos equilíbrio e igualdade para todos, e só conhecendo e respeitando outras culturas poderemos alcançar esse objetivo.

REFERÊNCIAS

Sites

- 15 filmes que são diamantes para o cérebro:
http://www.revistabula.com/1800-15-filmes-que-sao-diamantes-para-o-cerebro

- Os 10 filmes de maior bilheteria de Bollywood:
https://lista10.org/cinema/os-10-filmes-de-maior-bilheteria-de-bollywood

- Uma lista pessoal: meus 10 melhores filmes estrangeiros de 2017, por Luiz Zanin:
http://cultura.estadao.com.br/blogs/luiz-zanin/uma-lista-pessoal-meus-10-melhores-filmes-estrangeiros-de-2017

- Os 25 melhores filmes estrangeiros do cinema:
https://designinnova.blogspot.com.br/2012/06/os-25-melhores-filmes-estrangeiros-do.html

- 10 ótimos filmes estrangeiros disponíveis na Netflix em 2018:
http://cinemadepoisdocafe.com.br/2017/06/10-otimos-filmes-estrangeiros-disponiveis-na-netflix

- Página brasileira da ONU sobre os ODS:
https://nacoesunidas.org/pos2015/agenda2030

DIFICULDADE ☑☑☑☐☐

Tente quebrar a sua barreira mental!

Converse com alguém diferente de você #58

Dica: Livre-se de ideias preconcebidas e escute sem pensar em responder.

Compartilhe: Qual foi a dificuldade que você encontrou?

REALIZADA ☐ TOTALMENTE ☐ PARCIALMENTE ☐ INICIALMENTE

Este capítulo discute a importância do conhecimento de diferentes culturas e modos de pensar para a compreensão dos Objetivos de Desenvolvimento Sustentável (ODS) da ONU referentes à igualdade.

Podemos ler revistas e livros ou assistir a filmes e documentários, mas nada será mais esclarecedor do que uma boa conversa com uma pessoa de uma cultura diferente ou que tenha um modo de pensar diferente do nosso.

É muito importante conhecermos essas diferenças, porque isso nos ajuda a enxergar o mundo de maneira mais solidária, mais humanitária, e pode, até mesmo, nos ajudar a reconhecer nossas próprias identidades e nossos preconceitos.

Conhecer novas pessoas, especialmente pessoas diferentes (entenda que não precisa ser alguém de outro país, apenas alguém com gostos e opiniões diferentes), nos traz uma gama de informações e conhecimentos que nunca alcançaríamos caso vivêssemos sempre com as mesmas pessoas, os mesmos pensamentos e as mesmas ideias.

No Brasil e no mundo, atualmente, existe uma polarização entre pessoas com opiniões diferentes sobre política, diversidade, economia, meio ambiente, entre outros. Mas o mundo não é uma disputa de futebol em que você torce para um time ou para outro. Temos que respeitar e tentar entender os vários pontos de vista, mesmo quando não concordamos com eles; tentar não ser radicalmente extremo sobre um pensamento nem invadir o espaço alheio ou mesmo brigar fisicamente por isso. Entender que somos diferentes e que temos opiniões diferentes é um passo para que consigamos entrar em harmonia e criar um mundo mais justo e igualitário. Afinal, temos que conviver no mesmo espaço, seja em uma escola, em um ambiente de trabalho, na cidade ou no planeta.

Por isso, a ação de hoje é conversar com alguém que pense de maneira diferente de você, que seja de uma cultura totalmente diferente ou mesmo que simplesmente não goste de algo de que você gosta. Além de empatia e compreensão, você aprenderá algo muito importante: respeito!

Comece a mudança em você para mudar o mundo!

REFERÊNCIAS

Vídeos

– O poder revolucionário da diversidade do pensamento (em inglês): https://www.ted.com/talks/elif_shafak_the_revolutionary_power_of_diverse_thought?language=pt-br

– Worlds Apart, da Heineken (em inglês, sobre diversidade de pensamentos): https://www.youtube.com/watch?v=8wYXw4K0A3g

Sites

– Entenda a importância de apresentar culturas diferentes para o seu filho: https://mytargetidiomas.com.br/blog/entenda-a-importancia-de-apresentar-culturas-diferentes-para-o-seu-filho

– 63 filme sobre diversidade e inclusão: https://diariodamaedaalice.wordpress.com/2017/01/10/63-filmes-sobre-diversidade-e-inclusao

DIFICULDADE ☑☑☐☐☐

Fácil! É só se informar!

Entenda as causas e o histórico das questões etnorraciais #59

Dica: Pesquise e reflita sobre como você pode ajudar.

Compartilhe: O que você descobriu de novo?

REALIZADA ☐ TOTALMENTE ☐ PARCIALMENTE ☐ INICIALMENTE

Um tema muito importante para a convivência sustentável é a questão etnorracial.

Seria mentira dizer que não existe preconceito por cor de pele ou por etnia no Brasil e no mundo. O racismo e a xenofobia são problemas que ainda assombram diversos países e povos. Muita gente ainda acredita que o branco é superior ao negro ou ao amarelo, como se não fossem todos da raça humana.

E você sabe como começou esse pensamento? É difícil ter certeza de uma data ou de um motivo, mas podemos aprender muito com as experiências e as histórias de cada país. No Brasil, por exemplo, enquanto os índios eram tratados como seres que deveriam ser civilizados (um outro tipo de preconceito, já que os portugueses não aceitavam as diferenças que encontraram aqui), os negros foram escravizados e tratados como seres inferiores. É uma imagem triste, que deveria ter sido deixada para trás com a abolição da escravatura. No entanto, uma simples lei não mudou muitos hábitos e ainda há muita discriminação e diferenças sociais. Além disso, ainda existe trabalho escravo no país, como você pode ver no Capítulo 50.

Os Objetivos de Desenvolvimento Sustentável (ODS) da ONU buscam igualdade, saúde, educação e segurança para todos os seres humanos do planeta, não importando etnia ou cor da pele. Nada, além da cultura, nos diferencia dos demais. Todos temos sonhos, desejos, família, amigos, trabalhos, problemas e sentimentos.

Por esse motivo, é tão importante conhecer as causas das questões etnorraciais e seu histórico. Isso nos ajudará a cuidar da história que estamos construindo para o futuro e a entender quem somos e como nossos antepassados conquistaram o que conquistaram, ou porque eles falharam em algumas coisas. Conhecer a história de seus antepassados, inclusive, é uma outra ação indicada neste livro.

A ação de hoje é pesquisar sobre questões raciais, preconceito e o histórico dessas questões. O passado é tão importante quanto o presente e podemos aprender muito com ele. O futuro que construiremos após conhecer esse passado é o real significado do termo sustentabilidade.

REFERÊNCIAS

Vídeos

- Experiência sobre racismo na Lituânia:
https://www.youtube.com/watch?v=xdPioHyt8lw

- Ninguém nasce racista, do Criança Esperança:
https://www.youtube.com/watch?v=kaWUyiMSrV0&t=19s

- Xenofobia e a intolerância a imigrantes no século XXI:
https://www.youtube.com/watch?v=XTp-gxFL29w

Sites

- Raça e racismo no Brasil:
http://www.institutocpfl.org.br/2016/06/13/raca-e-racismo-no-brasil-com-carlos-medeiros-versao-tv-cultura/?gclid=Cj0KCQiAzMDTBRDDARIsABX4AWwwXg1UGaDR-FUEyDtzktUZVfUZkkV9V28VEt-aG78N60u7rL7M_Cf8aAir-EALw_wcB

- Igualdade racial: uma causa de todos!
http://www1.folha.uol.com.br/empreendedorsocial/colunas/2017/02/1854857-igualdade-racial-uma-causa-de-todos.shtml

- Migração e xenofobia:
http://mundoeducacao.bol.uol.com.br/geografia/migracao-xenofobia.htm

DIFICULDADE ☑☑☐☐☐

Fácil!

Leia e se informe sobre a homofobia #60

Dica: Leia notícias e procure relatos de homofobia.

Compartilhe: O que você encontrou é muito diferente do que imaginava? Você já presenciou uma atitude homofóbica?

REALIZADA ☐ TOTALMENTE ☐ PARCIALMENTE ☐ INICIALMENTE

Os Objetivos de Desenvolvimento Sustentável (ODS) da ONU prezam pela igualdade e pela justiça e buscam uma vida decente para todas as pessoas do mundo, sem exceções.

No entanto, vemos aumentar a cada ano o número de mortes de pessoas LGBT+ (Lésbicas, Gays, Bissexuais, Transexuais e demais espectros de orientação sexual e identidade de gênero). O Brasil, hoje, é conhecido como o país em que mais se matam travestis e transexuais no mundo. Só no primeiro semestre de 2017, o número de óbitos aumentou em 18% em comparação ao ano anterior e, em 2016, foram 343 casos de assassinatos (vítimas de agressões físicas) registrados no país.

Mas não é só no Brasil que esse problema cresce: a homossexualidade é vista como crime em setenta países, e a pena de morte para LGBT+ é aplicada em oito deles (por exemplo, Nigéria, Arábia Saudita e Afeganistão). Para entender a extensão desse problema, vejamos o caso trágico contra os LGBT+ que aconteceu em 2016 na boate Pulse. Foi um dos maiores atentados a tiros da história dos Estados Uni-

dos, em um local em que se reuniam, em sua maioria, pessoas LGBT+.

Esse preconceito aparece na forma de violência física, ameaças verbais ou virtuais, constrangimento causado por alguém na rua e *bullying*, além de muitas outras formas usadas para alguém se mostrar contra a sexualidade e a orientação sexual alheia. Realmente falta respeito e solidariedade na população, dois valores básicos para criar um mundo mais justo e, consequentemente, sustentável.

Por isso, a ação de hoje é ler um jornal (seja online ou impresso) e ficar a par dos acontecimentos mais recentes envolvendo a temática LGBT+. Assim, você entenderá mais sobre as dificuldades e os desafios que esse público enfrenta. Aproveite e discuta com as pessoas à sua volta as dúvidas de cada um sobre o tema.

Afinal, precisamos buscar um equilíbrio para o mundo, e o respeito é uma das chaves para isso.

REFERÊNCIAS

Vídeos

– E se fosse com você? Por que criminalizar a homofobia?
https://www.youtube.com/watch?v=KXYtmju2mkw&t=1s

– Conexão Repórter (05/04/15) - As raízes da homofobia:
https://www.youtube.com/watch?v=5cK4jfYmKQA

Sites

– Homofobia: preconceito, violência e crimes de ódio:
https://vestibular.uol.com.br/resumo-das-disciplinas/atualidades/homofobia-preconceito-violencia-e-crimes-de-odio.htm

– O combate à homofobia no Brasil e no mundo:
https://guiadoestudante.abril.com.br/blog/atualidades-vestibular/o-combate-a-homofobia-no-brasil-e-no-mundo

DIFICULDADE ☑☑☐☐☐
Fácil!

Leia sobre as questões de pessoas com deficiência #61

Dica: Acesse jornais online e procure relatos de pessoas com deficiência.

Compartilhe: O que você encontrou é muito diferente do que imaginava?

REALIZADA ☐ TOTALMENTE ☐ PARCIALMENTE ☐ INICIALMENTE

Um ponto que precisa ser abordado quando se fala de diversidade e igualdade são as questões de pessoas com deficiência.

Atualmente, mesmo com políticas envolvendo leis e projetos para garantir que pessoas com deficiência tenham oportunidades iguais e acessibilidade a todos os lugares, há muita confusão, preconceito e discriminação.

Essa discriminação começa muitas vezes em nós mesmos, que evitamos situações e pessoas que sejam diferentes ou que nos tirem da nossa zona de conforto. Isso é algo que passa a acontecer na transição para a vida adulta, já que as crianças lidam naturalmente com as diferenças. Precisamos aprender com elas!

O movimento de inclusão das pessoas com deficiência vem ganhando força a cada dia. A Organização Mundial da Saúde (OMS), constatou, a partir de dados de 2011, que 1 bilhão de pessoas vive com alguma deficiência, ou seja, uma em cada sete pessoas do mundo. Sabe-se que 80% dessas pessoas residem em países em desenvolvimento, como o Brasil, e 150 milhões têm menos de 18 anos, segundo o Fundo das Nações Unidas para a Infância (Unicef). Para aumentar a consciência da população brasileira no que se refere à inclusão, foi determinado, em 1982, o Dia Nacional de Luta da Pessoa com Deficiência como 21 de setembro.

No Brasil, são cerca de 45 milhões de pessoas com pelo menos um tipo de deficiência, segundo o Censo de 2010. São muitas pessoas que precisam ser incluídas no mercado de trabalho e no convívio da sociedade.

Assim como a homofobia e qualquer outro tipo de preconceito, precisamos de mais informação, compreensão e respeito para que aprendamos mais sobre as pessoas com deficiências. Devemos nos lembrar sempre que, entre os Objetivos de Desenvolvimento Sustentável (ODS) da ONU, o principal é que todas as pessoas precisam ter uma vida digna e decente, confortável e igualitária – não importando gênero, orientação sexual, cor da pele ou deficiência.

Por isso, a ação de hoje é pesquisar mais sobre os direitos e as dificuldades das pessoas com deficiência, procurando também conhecer os projetos de lei criados para aumentar a acessibilidade e verificando se eles existem e se funcionam. Leia para se informar, aprender e defender os direitos desse público. Assim, começamos um processo de mudança de pensamento e o respeito ao próximo.

REFERÊNCIAS

Vídeos

– Antes e depois da lei da acessibilidade, do Superior Tribunal de Justiça:
https://www.youtube.com/watch?v=Aezsy85ovzk

– Inclusão e acessibilidade: Flávio Arruda at TEDxFortaleza:
https://www.youtube.com/watch?v=-bgA4r-Qnbg

Sites

– A ONU e as pessoas com deficiência:
https://nacoesunidas.org/acao/pessoas-com-deficiencia

– Lei Brasileira de Inclusão fortalece direitos das pessoas com deficiência:
http://www.brasil.gov.br/cidadania-e-justica/2017/09/lei-brasileira-de-inclusao-fortalece-direitos-das-pessoas-com-deficiencia

– Como o preconceito exclui pessoas com deficiência:
http://politike.cartacapital.com.br/a-maldicao-do-preconceito-as-pessoas-com-deficiencia
http://agenciabrasil.ebc.com.br/direitos-humanos/noticia/2017-09/inclusao-de-pessoa-com-deficiencia-ainda-esbarra-no-preconceito-diz

– Casos de violência contra deficientes crescem 34% em Campinas, SP:
http://g1.globo.com/sp/campinas-regiao/noticia/2016/03/casos-de-violencia-contra-deficientes-crescem-34-em-campinas-sp.html

DIFICULDADE ☑☑☑☐☐
Requer planejamento!

Vá a uma pousada que tenha preocupação ambiental #62

Dica: Incentivar a preocupação ambiental é a melhor forma de fazer com que mais estabelecimentos se preocupem também.

Compartilhe: Como foi sua estadia? Divertida? Diferente? Compartilhe sua experiência!

REALIZADA ☐ TOTALMENTE ☐ PARCIALMENTE ☐ INICIALMENTE

Todo mundo gosta de tirar um tempo para viajar com a família ou os amigos quando pode, certo? Às vezes, passamos um final de semana; outras vezes planejamos uma semana ou mais. Não importa o tempo, é sempre interessante conhecer novos lugares e se divertir de maneiras diferentes.

Você provavelmente está se perguntando o que isso tem a ver com sustentabilidade. É bem simples! Ecoresorts ou pousadas ambientalmente corretas podem ser boas opções para suas próximas férias com a família ou com os amigos. Você também pode escolher uma pousada ou um hotel que se engaje em causas relacionadas à sustentabilidade quando viajar a trabalho.

Para chegar a esse lugar, provavelmente você vai utilizar o seu carro, um ônibus ou, ainda, avião ou barco. Pois é, até na hora de viajar deixamos uma pegada ecológica. Então, se você quiser mitigar essa pegada, a escolha do local onde ficará é fundamental. Veja se nesse hotel ou ecoresort existem melhorias focadas na área ambiental, como tratamento de esgoto correto, captação de água da chuva por meio de cisternas, aquecimento solar, quem sabe até

energia solar, separação dos resíduos de forma correta, reaproveitamento dos resíduos recicláveis, energia elétrica eficiente com sensores de presença e lâmpadas LED. Ou seja, muitas das preocupações que mostramos aqui neste livro. Geralmente, a única ação que existe nesses estabelecimentos são as plaquinhas no banheiro falando do uso da toalha de banho. São lembretes de quanta água se gasta para a lavagem de cada toalha, com avisos de que, se o hóspede não quiser trocar a toalha, deve deixá-la pendurada, mas, se quiser que seja trocada, deve deixá-la no chão.

Só isso não é suficiente. Existem alguns certificados internacionais, como o EarthCheck, o do Global Sustainable Tourism Council (GSTC) e o Green Globe, específicos para esses tipos de estabelecimentos, mas se o hotel ou a pousada tiver a certificação ISO 14001 (Certificado Ambiental de Processos), já será um diferencial para as questões de sustentabilidade.

E não podemos esquecer das questões sociais: não empregar mão de obra infantil, ter funcionários registrados seguindo as leis trabalhistas, não contratar fornecedores ligados a problemas sociais e ambientais, enfim, muitos dos temas que abordamos neste livro.

A ação do dia, então, é pesquisar ecoresorts, hotéis e pousadas com preocupação ambiental e experimentar passar suas próximas férias em algum deles. E sempre divulgue as boas práticas e os bons estabelecimentos!

REFERÊNCIAS

– Por que ficar em um resort?
http://turismo.ig.com.br/manual-do-viajante/2017-01-07/resort-hospedagem.html
– 9 hotéis sustentáveis no Brasil para mudar a forma como você viaja:
http://room5.trivago.com.br/hoteis-sustentaveis-brasil
– Lista de hotéis, pousadas e resorts realmente sustentáveis:
https://ecohospedagem.com/hoteis-pousadas-e-resorts-realmente-sustentaveis
– Os melhores ecoresorts do Brasil:
https://www.guiaviajarmelhor.com.br/conforto-e-tranquilidade-conheca-os-eco-resorts-mais-charmosos-do-brasil

DIFICULDADE ☑☑☑☐☐

Requer planejamento!

Faça ecoturismo #63

Dica: Busque passeios na natureza que você possa fazer sem destruí-la.

Compartilhe: Como foi sua viagem? Compartilhe sua experiência!

REALIZADA ☐ TOTALMENTE ☐ PARCIALMENTE ☐ INICIALMENTE

Além de nos manter vivos, dando-nos comida e abrigo, a natureza colabora com nossa saúde mental e física. A biofilia é uma teoria que defende que fomos programados para amar tudo que é vivo, e não objetos, e por esse motivo a natureza nos faz bem. Alguns cientistas perceberam que, ao entrar em contato com o verde, o corpo responde com pressão mais baixa e maiores níveis de glóbulos brancos (responsáveis pelas defesas do organismo), entre outras mudanças sutis e benéficas.

Acho que você já deve ter percebido, certo? Afinal, quem nunca se sentiu bem em um lugar aberto, respirando um ar mais puro?

Bem, se ainda não ficou claro onde quero chegar com esse assunto, a ação proposta para este capítulo é uma atividade que te colocará em contato direto com a natureza: o ecoturismo.

Esta é uma forma que o turismo encontrou de utilizar, de forma sustentável, o patrimônio natural e cultural de um país. Essa atividade também incentiva a conservação do meio ambiente e busca uma maior conscientização ambiental. Segundo a Organização Mundial do Turismo (OMT), em 2015, 10% dos turistas em todo o mundo buscaram o turismo ecológico. O faturamento anual do ecoturismo, em nível mundial, é estimado em US$ 260 bilhões. O Brasil participa dessa conta com cerca de US$ 70 milhões.

Mas o ecoturismo precisa também seguir alguns critérios de sustentabilidade, e os empreendedores do ramo devem pensar em seus impactos nas construções, por exemplo, com uma trilha no meio do mato, próxima a uma cachoeira ou no próprio hotel ou pousada. Também é necessário seguir normas e procedimentos de operações de visita e traslados dos turistas, para não sobrecarregar o sistema ambiental, verificar se há justiça no pagamento dos motoristas, guias ambientais e funcionários dos hotéis e pousadas e oferecer o treinamento correto para todos os envolvidos com as atividades do turismo no local. E, quem sabe, conseguir uma das certificações internacionais de turismo sustentável, como o Certificate in Sustainable Tourism.

Então, pesquise passeios de ecoturismo para finais de semana, feriados ou férias. Será uma atividade saudável para fazer com a família ou os amigos e também te ajudará a compreender melhor como viver em equilíbrio com o bem mais precioso que temos: a natureza.

REFERÊNCIAS

Vídeos

- Sobre turismo sustentável:

https://www.youtube.com/watch?v=d1OuqhFK4Jg&t=1s

https://www.youtube.com/watch?v=48waORmA3d4

- Saiba a diferença entre turismo sustentável e turismo ambiental, do Canal Futura:

https://www.youtube.com/watch?v=CSN1n5LrqPo

Sites

- O ecoturismo:

http://revistaecoturismo.com.br/turismo-sustentabilidade/turismo/ecoturismo

- Contato com a natureza faz bem à saúde:

https://oglobo.globo.com/sociedade/ciencia/revista-amanha/contato-com-natureza-faz-bem-saude-9504241

- Os 50 melhores destinos de ecoturismo do Brasil:

https://viagemeturismo.abril.com.br/materias/os-50-melhores-destinos-de-ecoturismo-do-brasil

- Certificate in Sustainable Tourism:

https://www.gstcouncil.org/sustainable-tourism-training/certificate-in-sustainable-tourism

DIFICULDADE ☑☑☐☐☐

Fácil! É só se informar!

Entenda o que é economia verde #64

Dica: Estude o tema.

Compartilhe: O que você entendeu sobre a economia verde? Como trazer esse tema para o dia a dia?

REALIZADA ☐ TOTALMENTE ☐ PARCIALMENTE ☐ INICIALMENTE

Falar sobre economia é sempre complexo, porque é preciso entender diversas informações sobre países, modelos de governo, moedas, entre outros assuntos. Mas todos nós precisamos ter algum conhecimento, mesmo que básico, sobre o assunto.

A economia verde é a forma que o Programa das Nações Unidas para o Meio Ambiente (PNUMA) encontrou para conciliar os ideais dos Objetivos de Desenvolvimento Sustentável (ODS) com a participação ativa dos países.

Basicamente, a economia verde busca modificar as atitudes da economia atual (ou economia marrom, como se convencionou chamar), que se preocupa mais com a produção do que com a utilização sustentável dos recursos naturais, e mais com ganhar dinheiro acima de tudo do que com a geração de empregos e a produção de renda para toda a população.

Então, a economia verde resulta em melhoria do bem-estar da humanidade e da igualdade social, ao mesmo tempo que reduz os riscos ambientais e a escassez ecológica.

Existem grandes oportunidades em diversos setores para utilizar esse conceito; por exemplo, nas edificações, que cada dia mais trabalham com certificações ambientais e sociais, como Leed ou Aqua, tornando os prédios mais eficientes e ambientalmente corretos. A extração sustentável dos ativos das florestas em pé é outra forma de rentabilizar o não desmatamento. A gestão responsável da água, dos resíduos, da agricultura e das indústrias, focando não somente na parte financeira, mas também na ambiental e na social, pode gerar muitos frutos positivos. Não podemos nos esquecer, finalmente, da geração de energia eólica e solar, que só crescem exponencialmente no país e no mundo.

E por que precisamos entender e praticar a economia verde? Porque é a maneira pela qual os governos, o setor privado e a sociedade civil podem se reorganizar mais uniformemente por um objetivo comum: um mundo mais sustentável. A ação de hoje, então, é estudar profundamente o termo. Aí sim você terá direito de exigir (ou sugerir, quem sabe) de seus governantes e das empresas uma atitude a respeito. Quanto mais pessoas se mostrarem a favor dessa ideia, mais fácil será conseguir uma resposta e, no mínimo, uma tentativa de adequação.

REFERÊNCIAS

Vídeos

– A história da agricultura e a economia verde:
https://www.youtube.com/watch?v=JI4OWIv0yl4

– Economia verde: o que você espera do futuro?
https://www.youtube.com/watch?v=wPOCvYjcxQc

Sites

– Economia verde:
http://www.ipea.gov.br/desafios/index.php?option=com_content&view=article&id=2747:catid=28&Itemid=23
https://www.ecycle.com.br/economia-verde.html
http://mundoeducacao.bol.uol.com.br/geografia/economia-verde.htm
http://brasilescola.uol.com.br/biologia/o-que-desenvolvimento-sustentavel-economia-verde.htm

– Rio+20 lança "economia verde" e Objetivos de Desenvolvimento Sustentável:
http://www.gazetadopovo.com.br/vida-e-cidadania/meio-ambiente/especiais/rio-20/rio20-lanca-economia-verde-e-objetivos-de-desenvolvimento-sustentavel-3dt1bdk3dkjgr85w8dvao4kzy

DIFICULDADE ☑☑☑☐☐

Requer planejamento!

Conheça um carro ecoeficiente #65

Dica: Busque carros mais simples.

Compartilhe: O que você achou do carro? Vale a pena ter um desse tipo?

REALIZADA ☐ TOTALMENTE ☐ PARCIALMENTE ☐ INICIALMENTE

Entre as maiores preocupações relativas ao meio ambiente, estão a emissão de gases poluentes na atmosfera e o consumo de combustíveis fósseis. Além das indústrias, os maiores causadores desses gases são os veículos leves, como carros e motos.

O Ministério do Meio Ambiente criou a Nota Verde, uma maneira de informar aos consumidores sobre os níveis de emissão de diferentes marcas e modelos de veículos (fabricados e/ou vendidos no Brasil). O Inmetro também possui o Programa Brasileiro de Etiquetagem Veicular, para que os consumidores possam comparar a eficiência energética dos veículos da mesma categoria, além de obter informações sobre o consumo de combustível dos veículos leves comercializados no Brasil e fazer escolhas conscientes, com menos impacto, como você verá nas referências deste capítulo.

Considerando a ecoeficiência, é importante considerar que a comercialização de veículos elétricos, como o Prius (que é um carro híbrido), aumentou no país. Aos poucos, no Brasil, estão sendo implantados postos de recarga para carros elétricos. O Rio de Janeiro, por exemplo, possui postos que por enquanto só atendem aos carros elétricos da BMW. Em São Paulo, alguns *shopping cen-*

ters já possuem estacionamentos exclusivos para carros elétricos, com o ponto de recarga. Também há táxis, motos e pequenos caminhões que são híbridos e se destacam no trânsito. Com certeza, o crescente interesse da população, assim como a preocupação com o meio ambiente, são os responsáveis por essas mudanças.

É importante que você conheça esses veículos, porque eles são uma das formas de diminuir o impacto que causamos no meio ambiente. Afinal, com menos produção de gases e menos consumo de combustíveis fósseis, a poluição do ar diminuirá, assim como os efeitos em nossos organismos e no aquecimento global.

A ação de hoje é pesquisar e se planejar para andar (como motorista ou como passageiro) em um carro ecoeficiente – se puder, um híbrido ou elétrico. O ideal é utilizarmos o transporte público, porém, se não for possível, busque um carro mais ecoeficiente. Experimentar é um passo importante para você, como consumidor, se interessar por um carro com essas especificações. Além disso, voltamos a uma máxima que já apareceu por aqui: quanto mais mostramos interesse, mais as empresas responsáveis por esse tipo de veículo (e outras produtoras) sentirão a necessidade de aperfeiçoá-los e colocá-los no mercado.

REFERÊNCIAS

Vídeo

– Carros elétricos podem transformar a paisagem urbana em um futuro próximo:
https://www.youtube.com/watch?v=OP4YzHJVXNg

Sites

– Nota Verde do Ministério do Meio Ambiente:
http://www.mma.gov.br/cidades-sustentaveis/qualidade-do-ar/controle-de-emissoes-veiculares/nota-verde

– Lista do Inmetro de veículos automotores leves com tabela de consumo e eficiência energética (2017):
http://www.inmetro.gov.br/consumidor/pbe/veiculos_leves_2017.pdf

– Brasil ganha postos para recarregar carros elétricos:
http://www.cnt.org.br/Imprensa/noticia/brasil-ganha-postos-para-recarregar-carros-elericos

– Carros elétricos e híbridos vão pagar IPI de modelo popular, diz ministro:
http://www1.folha.uol.com.br/mercado/2018/01/1952910-carro-eletrico-e-hibrido-vai-pagar-ipi-de-modelo-popular-diz-ministro.shtml

– Os carros híbridos e elétricos que vêm por aí em 2018:
http://revistaautoesporte.globo.com/Noticias/noticia/2017/12/os-carros-hibridos-e-eletricos-que-vem-por-ai-em-2018.html

DIFICULDADE ☑☐☐☐☐
Facílimo!

Acompanhe sites e blogs sobre sustentabilidade #66

Dica: Receba os *feeds* de novidades do site ou blog por e-mail.

Compartilhe: Com qual site ou blog você mais se identificou?

REALIZADA ☐ TOTALMENTE ☐ PARCIALMENTE ☐ INICIALMENTE

A informação é um dos ativos mais importantes da atualidade. Manter-se informado é a melhor forma de estar a par das discussões importantes e dos problemas que podem surgir, conhecendo, por exemplo, sobre os avanços tecnológicos e médicos. Além disso, estar atualizado permite que você prospere no trabalho e nos estudos, ampliando o seu repertório e a sua percepção do mundo.

Manter-nos informados também é uma responsabilidade e nos ajuda e desenvolver o senso crítico, além de permitir que nos posicionemos sobre o que acreditamos ser certo e errado com argumentos coerentes e lógicos.

A ação de hoje é algo que fazemos diariamente com vários assuntos. Qual amante dos esportes não lê todas as notícias e acompanha as páginas do seu time do coração? Qual leitor ávido não se mantém a par dos lançamentos ao seguir os sites oficiais de seus autores ou de suas editoras favoritas? Qual fã não está ligado às últimas notícias sobre o artista que admira? Existem muitos assuntos e temas

que nos fazem comprar revistas e jornais, ligar o celular ou o computador e navegar pela internet sem parar.

Justamente por termos tempo para ler por diversão é que também podemos arranjar algum momento para ler notícias importantes. As mudanças no meio ambiente e na sociedade demoram a acontecer, mas está claro que essas alterações vêm se acelerando e que precisamos nos manter atualizados.

Por isso, comece a seguir sites e blogs que tenham como foco o meio ambiente e a sustentabilidade. Existem alguns mais confiáveis que outros, por isso faça questão de consultar várias fontes diferentes. Ler as notícias não tomará muitos minutos de seu dia e te manterá informado sobre as novidades e os acontecimentos para que você possa discutir e argumentar quando necessário.

REFERÊNCIAS

Sites

- Instituto Akatu:
https://www.akatu.org.br

- Ecycle:
https://www.ecycle.com.br

- Centro Sebrae de Sustentabilidade:
http://sustentabilidade.sebrae.com.br/sites/Sustentabilidade

- Canal do Sebrae sobre sustentabilidade:
https://www.youtube.com/channel/UCFg1d9qVJp2FwfJA0Q0AROg

- Envolverde:
http://envolverde.cartacapital.com.br

- Instituto Ethos:
https://www3.ethos.org.br/categoria/noticias

- Conselho Empresarial Brasileiro para o Desenvolvimento Sustentável (CEBDS):
http://cebds.org/comunicacao/noticias

- Associação Brasileira dos Profissionais pelo Desenvolvimento Sustentável (Abraps):
www.abraps.org.br

- Grupo de Institutos Fundações e Empresas (Gife):
www.gife.org.br

- Plataforma Liderança Sustentável:
http://plataforma.ideiasustentavel.com.br

- Horizonte Educação e Comunicação:
http://www.edhorizonte.com.br

- Revista *Página 22*, do Centro de Estudos em Sustentabilidade da FGV:
http://pagina22.com.br

– Mais informações sobre sustentablidade e meio ambiente:
https://exame.abril.com.br/noticias-sobre/sustentabilidade
http://www.valor.com.br/agro/sustentabilidade
http://sustentabilidade.estadao.com.br
http://g1.globo.com/jornal-da-globo/sustentavel.html
http://g1.globo.com/globo-news/cidades-e-solucoes/videos
http://www1.folha.uol.com.br/ambiente
https://www.terra.com.br/noticias/ciencia/sustentabilidade

DIFICULDADE ☑☐☐☐☐

Mamão com açúcar!

#67 Faça parte de grupos sobre sustentabilidade no Facebook

Dica: Busque no Facebook palavras como sustentabilidade, meio ambiente e cidadania.

Compartilhe: Encontrou grupos ou posts interessantes? Quais?

REALIZADA ☐ TOTALMENTE ☐ PARCIALMENTE ☐ INICIALMENTE

A rede social que mais temos utilizado nos últimos tempos é o Facebook, que nos permite manter contato com amigos de infância e pessoas que moram em outras cidades, além de seguir páginas (de artistas, filmes, séries, livros) de que gostemos. Uma das funcionalidades mais apreciadas pelos usuários é a possibilidade de participar ativamente de grupos.

Existem milhares de grupos com diversos temas no Facebook – para falar de carros, times de futebol, desenhos e animes, quadrinhos, filmes, livros etc. Uma imensa diversidade de assuntos. E, entre eles, podemos certamente encontrar grupos que se preocupam com meio ambiente, sustentabilidade, questões sociais, responsabilidade socioambiental e/ou preservação da natureza.

Há muitas vantagens em participar de grupos sobre esses temas. Por exemplo, muitas vezes nós não temos tempo de nos manter atualizados sobre os últimos acontecimentos, e os integrantes do grupo podem ajudar. Um grupo também pode ser utilizado como espaço para debate ou para que os participantes deixem dicas de atitudes mais sustentáveis e socialmente inclusivas (novas maneiras de reciclar o lixo, por exemplo). Além disso, estar conectado com pessoas que se preocupam com o mesmo que nós é um incentivo para que continuemos a nossa jornada pela sustentabilidade.

A ação de hoje é justamente começar a participar de, pelo menos, um grupo sobre sustentabilidade (caso se considere "novo" no assunto, o grupo poderá tirar suas dúvidas e explicar alguns tópicos sobre o assunto).

Conheça novas pessoas, debata temas importantes, aprenda novas maneiras de fazer a diferença. Muitas vezes, nós podemos nos desanimar com o assunto por estarmos nos sentindo sozinhos, como peixes fora d'água, e o grupo estará lá justamente para que essa sensação de solidão não perdure.

Caso tenha dificuldade para encontrar os grupos, comece procurando por páginas que falem sobre sustentabilidade e meio ambiente e pergunte aos membros ou administradores sobre a existência de algum grupo. Se não encontrar, você mesmo pode começar seu próprio grupo. Uma versão dessas discussões são os grupos de WhatsApp, que você pode formar com amigos interessados no mesmo tema que você.

As ações devem começar com cada um de nós, mas isso não quer dizer que estaremos sozinhos na batalha.

REFERÊNCIAS

Grupos e páginas no Facebook:

- Sustentabilidade CoWorking Brasil
- Sustentabilidade, Futuro Global
- Semeando Sustentabilidade
- Sustentabilidade e Cidadania
- Meio Ambiente e Sustentabilidade
- Energia Limpa Renovável, Carros Elétricos e Sustentabilidade Já
- Sustentabilidade, o futuro começa aqui
- Educação e Sustentabilidade
- Empreendedorismo e Sustentabilidade

DIFICULDADE ☑☐☐☐☐

Fácil demais!

#68 Compre produtos de ONGs para presentear seus amigos

Dica: Busque nos links que estão neste capítulo ou em lojas na sua cidade.

Compartilhe: Qual produto você comprou? Qual ONG desenvolveu o produto?

REALIZADA ☐ TOTALMENTE ☐ PARCIALMENTE ☐ INICIALMENTE

ONGs são organizações não governamentais sem fins lucrativos criadas para atuar em locais ou situações em que o Estado é pouco presente ou para resolver problemas muito específicos e particulares da nossa sociedade. Elas fazem parte do terceiro setor da economia e são associações ou fundações privadas com interesse público. Atuam combatendo a pobreza, melhorando a saúde, a educação e as diferenças sociais, protegendo os animais e o meio ambiente, ajudando a desenvolver uma consciência acerca da sustentabilidade, entre diversas outras coisas.

Existem pessoas remuneradas que trabalham nessas organizações, mas a maior parte da mão de obra das ONGs é formada por voluntários, e elas estão sempre abertas para receber ajuda. Os recursos necessários para continuar com seus trabalhos na sociedade vêm por meio de financiamentos (do governo ou de empresas privadas), de vendas de produtos e de doações.

Adquirir os produtos e serviços feitos pelas ONGs ajuda as organizações a se manterem ativas e trabalhando em suas causas. Geralmente, os materiais de seus produtos são de origem sustentável e possuem fabricação correta (não análoga à escravidão). Além disso, muitos desses produtos trazem mensagens e estampas de significado profundo.

Muitas vezes, não podemos fazer doações, seja porque temos muitas contas a pagar, seja porque decidimos reformar a casa ou trocar de carro. Mas sempre há uma data especial (um aniversário ou o Natal, por exemplo) que merece um presente diferente e único. Na próxima data comemorativa, apoie uma ONG que trabalhe com a área com que você mais se identifica.

A ação de hoje é pesquisar um site ou uma loja física para comprar uma lembrança para um amigo ou parente. Você espalhará a mensagem da ONG, ajudando a torná-la mais conhecida e incentivando outras pessoas a apoiarem a causa.

REFERÊNCIAS

Vídeos

- ONG pode vender produto?
https://www.youtube.com/watch?v=wudutbEXg7g

- Case ONG Adere:
https://www.youtube.com/watch?v=_Rrh9u9ncpw

Sites

- O que é uma organização não governamental (ONG)?
http://www.sebrae.com.br/sites/PortalSebrae/artigos/o-que-e-uma-organizacao-nao-governamental-ong,ba5f4e64c093d510VgnVCM1000004c00210aRCRD

- Ponto Solidário: arte sociocultural:
http://pontosolidario.org.br

- Rede Asta - produtos para venda a fim de apoiar artesãs:
http://redeasta.com.br

- O Polen - selo polinizador para e-commerce:
http://opolen.com.br

- ONG Adere e seus produtos:
http://adere.org.br

- ONG Ampara Animal:
http://amparanimal.org.br/produtos

DIFICULDADE ☑☐☐☐☐

Facílimo!

#69 Assista a palestras gratuitas sobre sustentabilidade

Dica: Pesquise em sites de faculdades e instituições beneficentes!

Compartilhe: De qual palestra você mais gostou? Onde você tem encontrado as palestras?

REALIZADA ☐ TOTALMENTE ☐ PARCIALMENTE ☐ INICIALMENTE

Nesta era, conhecida pela enorme quantidade de conhecimento e informação que recebemos todos os dias, é difícil selecionar o que é relevante e o que não é. É complicado ser crítico e não acreditar em tudo o que vemos ou escutamos. Mas é sempre importante comparar informações e opiniões, procurar fontes confiáveis e fazer pesquisas mais profundas sobre os temas que nos interessam.

Não é diferente com a sustentabilidade. É necessário nos mantermos informados. Mas até onde as informações que obtemos na internet ou pela televisão são verdadeiras? Essa questão sempre vai existir, mas há algumas formas para você garantir a veracidade e ficar mais seguro.

Em um capítulo anterior, falamos sobre acompanhar blogs e sites confiáveis sobre o tema. A ação deste capítulo é diferente.

Além de acompanhar as notícias disponibilizadas online, é interessante que você procure e assista a palestras gratuitas sobre o desenvolvimento sustentável. Por quê? Normalmente, palestras são ministradas por pessoas que estão engajadas no tema há algum tempo ou estudiosos de algum assunto relacionado (um biólogo, um acadêmico, um gestor social, por exemplo). E nada como ver ao vivo todas as expressões e emoções que o palestrante passa. Além disso, você pode levantar a mão e perguntar, ou até tirar dúvidas específicas com o palestrante ao final.

Essas palestras são oferecidas em faculdades ou ONGs, federações de comércio e indústria do Estado, e até mesmo pelo governo. Também pode ser interessante sugerir ao seu superior, na empresa em que trabalha, que algumas comecem a ser ministradas.

Sua atividade de hoje é buscar uma palestra sobre sustentabilidade para assistir ainda este mês! Engaje-se, mobilize sua empresa ou seu local de estudo para organizar uma palestra. E busque palestrantes inspiradores sempre!

REFERÊNCIAS

Vídeo

– Semana Senac de Sustentabilidade:
https://www.youtube.com/watch?v=qJ-El9rj2Uc

Sites

– Associação Brasileira dos Profissionais pelo Desenvolvimento Sustentável (Abraps):
www.abraps.org.br

– Centro ESPM de Desenvolvimento Socioambiental (CEDS), que promove palestras e debates mensais sobre sustentabilidade:
http://www2.espm.br/espm/responsabilidade-socioambiental/centro-espm-de-desenvolvimento-socioambiental

– Instituto Mais, que promove palestras e debates sobre sustentabilidade:
http://www.institutomais.com.br/eventos/radar-saiu-o-calendario-2018-benchmarking-brasil-e-foruns-de-sustentabilidade

– Página do Catraca Livre, que sempre divulga palestras gratuitas:
https://catracalivre.com.br/sp/tag/palestra-gratuita

#70 Assine revistas sobre sustentabilidade

Dica: Diversas faculdades e universidades têm suas próprias publicações sobre o tema.

Compartilhe: Quais revistas você encontrou? O que achou? Divulgue!

REALIZADA ☐ TOTALMENTE ☐ PARCIALMENTE ☐ INICIALMENTE

Além de sites e blogs de ONGs, especialistas no assunto e palestras que podem ocasionalmente acontecer em sua cidade, há outra maneira de se manter informado sobre os mais recentes acontecimentos relacionados à sustentabilidade: revistas!

Claro que devem ser revistas especializadas no assunto. Mas por que se manter informado? Porque é muito importante saber como estão progredindo (ou regredindo) as ações sustentáveis ao redor do mundo – pense na sustentabilidade como a política: precisamos conhecer todos os detalhes e acontecimentos para que possamos ter uma opinião crítica a respeito do assunto.

Hoje, muitas revistas são publicações pensadas apenas para entreter a massa e distrair as pessoas de seus problemas do dia a dia. Por isso, é necessário procurar aquelas que tratam de temas específicos e que se mostram muito mais profundas, com artigos de qualidade.

Revistas acadêmicas, como a *Meio Ambiente e Sustentabilidade*, criada pela Uninter, a *Metropolitana de Sustentabilidade*, a *Gestão*

Ambiental e Sustentabilidade (GeAS) e a *Revista de Inovação e Sustentabilidade* (Risus) são eletrônicas, ou seja, podem ser acessadas apenas pela internet. Já são raras as revistas físicas, como a *Horizonte Geográfico*, a *Geração Sustentável* ou edições especiais da *Ideia Sustentável*, da *Benchmarking* e do *Guia Exame de Sustentabilidade*.

A ação de hoje é que você procure por revistas eletrônicas ou impressas sobre o tema e as assine (ou apenas acompanhe, caso elas sejam gratuitas). Mantenha-se informado!

REFERÊNCIAS

Sites

- Revista de Gestão Ambiental e Sustentabilidade (GeAS):
http://www.revistageas.org.br/ojs/index.php/geas

- Revista Meio Ambiente e Sustentabilidade:
https://www.uninter.com/revistameioambiente/index.php/meioAmbiente

- Revista Metropolitana de Sustentabilidade:
http://www.revistaseletronicas.fmu.br/index.php/rms/index

- Revista de Inovação e Sustentabilidade (Risus):
https://revistas.pucsp.br/risus

Revistas impressas

- Guia Exame de Sustentabilidade

- Revista Horizonte Geográfico

- Revista Geração Sustentável

- Revista Benchmarking, do Instituto Mais

- Revistas Ideia Sustentável

DIFICULDADE ☑☑☐☐☐
Fácil!

#71 Entenda o que é um negócio social

Dica: Pesquise esse novo formato de negócio.
Compartilhe: O que você entendeu sobre esse novo tipo de empresa? Quais exemplos você achou interessantes?

REALIZADA ☐ TOTALMENTE ☐ PARCIALMENTE ☐ INICIALMENTE

Assim como é importante entender o conceito de "economia verde", precisamos aprender o que são negócios sociais.

Para compreender o que é um negócio social, precisamos primeiro descobrir quais são seus objetivos. Segundo a Yunus Negócios Sociais Brasil, negócios sociais são empresas que têm a missão única de solucionar um problema social, são autossustentáveis financeiramente e não distribuem dividendos.

A diferença do negócio social para uma ONG é que o negócio precisa ter viabilidade econômica. E, de preferência, não pode receber doações de pessoas físicas ou jurídicas. Ele tem que sobreviver com a sua operação funcionando.

A Yunus divulga os sete princípios desse tipo de negócio:

1) O objetivo do negócio será a redução da pobreza ou de outros problemas (como educação, saúde, acesso à tecnologia ou meio ambiente) que ameacem as pessoas e a sociedade, não a maximização dos lucros.

2) O negócio tem que ser financeira e economicamente sustentável.

3) Investidores recebem de volta somente o valor investido. Nenhum dividendo é pago além do dinheiro investido.

4) Depois que o investimento for devolvido, o lucro da empresa fica nela, para ampliação e melhorias.

5) O negócio deve ser ambientalmente consciente.

6) Seus colaboradores recebem o valor de mercado e possuem boas condições de trabalho.

7) Tudo é feito com alegria.

Existem muitos negócios sociais no Brasil e você mesmo pode abrir um, caso tenha a oportunidade. A ação de hoje é pesquisar mais sobre negócios sociais, como funcionam e o que buscam alcançar. Conheça exemplos e divulgue. Além disso, é interessante que procure consumir produtos desses negócios, porque também será uma forma de apoiar uma causa de melhoria para o mundo.

REFERÊNCIAS

Vídeos

- Empreendedores criam negócios sociais, do canal Futura:
https://www.youtube.com/watch?v=kdOBMYeqBgE

- O que são negócios sociais?
https://www.youtube.com/watch?v=3OtzJUfVhLw

- Muhammad Yunus sobre empresas sociais:
https://www.youtube.com/watch?v=KmHyoW3Www4

- Um panorama dos negócios sociais no Brasil, de Alana:
https://www.youtube.com/watch?v=J4pMnTlVDrM

- Negócios sociais, do Sebrae:
https://www.youtube.com/watch?v=rXUCcwSMb3Y

- Descobrindo o Brasil dos Negócios Sociais: Fabio A. Serconek e Pedro H. G. Vitoriano at TEDxLaçador:
https://www.youtube.com/watch?v=K8uc9lUEVSU

Sites

- Definição de negócios sociais do Sebrae:
http://www.sebrae.com.br/sites/PortalSebrae/artigos/o-que-sao-negocios-sociais,b01e-7b008b103410VgnVCM100000b272010aRCRD

- Aceleradora Yunus Negócios Sociais:
https://www.yunusnegociossociais.com/aceleradora

- 10 ideias para abrir um negócio social:
http://revistapegn.globo.com/Noticias/noticia/2013/07/10-ideias-para-abrir-um-negocio-social.html

DIFICULDADE ☑☑☐☐☐
Fácil e divertido!

#72 Leia ou assista a histórias de pessoas que mudaram o mundo

Dica: Busque biografias de pessoas que te interessem.

Compartilhe: Qual filme ou livro você viu/leu? É a biografia de quem? O que você aprendeu?

REALIZADA ☐ TOTALMENTE ☐ PARCIALMENTE ☐ INICIALMENTE

Às vezes, buscar a sustentabilidade e um mundo melhor (tanto para as pessoas quanto para o meio ambiente) requer mais energia e disponibilidade do que conseguimos dispor. Porém, precisamos lembrar que não estamos nessa batalha sozinhos e que devemos nos esforçar o máximo possível. É normal ter inseguranças, mas não podemos desistir!

Uma forma interessante e inspiradora de recarregar nossas energias e manter a vontade de continuar nos esforçando pela jornada árdua da melhoria social e ambiental é procurar pessoas (famosas ou não) que tenham mudado o mundo de alguma forma: promovendo as temáticas; implantando projetos, empresas ou movimentos; criando produtos ou serviços; desenvolvendo políticas públicas; mobilizando grupos e comunidades; pesquisando soluções; ou escrevendo ideias para causas sustentáveis, entre outras milhares de ações.

Há diversas maneiras de conhecer a vida de pessoas como Mahatma Gandhi ou Madre Teresa de Calcutá. Há filmes que retratam a vida dessas pessoas e alguns livros biográficos.

Pense sobre isso e veja se lhe vem algum nome à mente. Sim? Então, muito provavelmente existem filmes ou livros a respeito dessa personalidade de que você se lembrou.

Temos como referências pessoas que buscaram um planeta mais inclusivo e ambientalmente correto, que nos ensinaram que também podemos fazer alguma diferença em nossas vidas e nas de outras pessoas. Atualmente, as pessoas vêm cultuando personalidades das áreas esportiva, musical e do cinema que nem sempre são boas referências. Talvez tenhamos que mostrar para aqueles que estão próximos a nós os verdadeiros heróis e heroínas, astros que batalharam e batalham dia a dia contra os problemas e os desafios da nossa civilização.

A ação de hoje é buscar e assistir a um filme ou começar a ler um livro biográfico sobre uma pessoa que é admirada por sua coragem de lutar contra as mazelas da nossa sociedade e por defender o meio no qual vivemos. Nas referências deste capítulo, há alguns nomes em livros e vídeos para o começo da sua pesquisa. Inspire-se!

REFERÊNCIAS

Vídeos

- As pessoas que mudaram o mundo!
https://www.youtube.com/watch?v=ELK6tzWxRzY

- Trailer oficial do filme *Quem se importa*:
http://www.quemseimporta.com.br

Sites

- 10 mulheres incríveis que mudaram o mundo:
https://familia.com.br/12034/10-mulheres-incriveis-que-mudaram-o-mundo

- 25 mulheres poderosas que mudaram a história:
http://www.hypeness.com.br/2014/09/serie-de-fotos-mostra-25-mulheres-poderosas-que-mudaram-a-historia

Livros

- *100 homens que mudaram a história do mundo*, de Bill Yenne (Ediouro, 1994).

- *80 homens para mudar o mundo*, de Sylvain Darnil e Mathieu Le Roux (Clio Editora, 2009).

DIFICULDADE ☑☐☐☐☐
Superfácil!

#73 Leia para uma criança

Dica: Crie um ambiente e interprete os personagens!

Compartilhe: Qual livro você leu? Qual a parte da história de que a criança mais gostou? Você gostaria de ler para mais crianças?

REALIZADA ☐ TOTALMENTE ☐ PARCIALMENTE ☐ INICIALMENTE

Quase todos os adultos hoje possuem uma vida corrida e agitada. Isso, muitas vezes, nos impede de passar um tempo de qualidade com nossos filhos, sobrinhos ou outras crianças que existam em nossas vidas. Isso é um problema porque nos afasta de uma das épocas mais importantes na vida de uma pessoa em formação: a infância.

As crianças precisam de um apoio emocional que acabamos não oferecendo porque estamos muito ocupados com o trabalho, com as contas a pagar e com todas as responsabilidades da vida adulta.

Por isso, como forma de incentivar a leitura, aumentar os vínculos familiares e emocionais e fazer com que os pais ou responsáveis participem ativamente da educação das crianças (desde a primeira infância), um brasileiro lançou um projeto chamado "Leia para uma criança". E é justamente essa a ação de hoje.

A hora de dormir é uma boa opção para você tirar um tempo do seu dia para a leitura, caso tenha filhos. Se for uma criança na família, sobrinho ou primo, por exemplo, você pode escolher momentos em que estiver com ela, como reuniões de família, almoços de domingo ou férias. Ou você pode escolher ser voluntário em uma creche, um abrigo ou uma escola pública e realizar a leitura para os pequenos.

É fundamental que você se sente com as crianças, tenha um bom livro em mãos e uma boa dose de imaginação e paciência. Como as crianças muito pequenas não estão acostumadas a prestar atenção na leitura, é interessante criar histórias ou fazer uma ótima interpretação do texto lido, como se fosse uma peça de teatro.

Falamos de sustentabilidade o tempo todo neste livro, mas, se não começarmos com a base, que são as crianças, não haverá futuro saudável. E a leitura é a porta de entrada para conhecimento, imaginação, solução de problemas, referências e visão crítica do mundo.

A ação de hoje, então, é você ler um livro para uma criança. Caso não viva com uma, planeje e marque um dia para essa ação. Escolha um ótimo livro, com o qual você se sinta confortável. O retorno de ter os olhinhos brilhando e prestando atenção em você e na história não tem preço!

REFERÊNCIAS

Vídeo

– Itaú | Leia para uma criança: Astronauta | Set 2017:
https://www.youtube.com/watch?v=QeGlSXdVVD4

Sites

– Veja os benefícios de ler para crianças na primeira infância:
http://gshow.globo.com/ep/leia-para-uma-crianca/noticia/2016/10/veja-os-beneficios-de-ler-para-criancas-na-primeira-infancia.html

– Vantagens de ler para a criança em voz alta:
https://br.guiainfantil.com/materias/educacao/leituravantagens-de-ler-para-a-crianca-em-voz-alta

– 5 motivos para ler para seu filho:
http://leiturinha.com.br/blog/5-motivos-para-ler-para-seu-filho

– Leia para uma criança, do Itaú:
https://www.triunfohoje.com/single-post/2017/10/04/Projeto-do-banco-Ita%C3%BA-distribui-livros-gratuitamente-saiba-como-adquirir
https://ww2.itau.com.br/itaucrianca/almanaque_leia_crianca.htm

DIFICULDADE ☑☑☐☐☐
Fácil!

#74 Recolha as pilhas usadas e leve-as para um lugar de descarte correto

Dica: Guarde-as em um saco plástico ou em um pote bem fechado.

Compartilhe: Quantas pilhas você guardou por mês? Foi fácil achar um local de descarte?

REALIZADA ☐ TOTALMENTE ☐ PARCIALMENTE ☐ INICIALMENTE

Muitas lojas, supermercados e farmácias possuem uma caixa ou um local separado para que possamos depositar pilhas usadas e que não funcionam mais. Você, por acaso, já se perguntou o porquê disso?

As pilhas são compostas por algumas substâncias químicas pesadas (mais especificamente, o chumbo, o cádmio e o mercúrio) que prejudicam a saúde das pessoas que entram em contato com elas. Essas substâncias podem afetar tanto o sistema neurológico quanto o motor, apresentando riscos para a saúde.

O descarte incorreto das pilhas faz com que esses elementos sejam liberados diretamente na natureza. Assim, eles podem acabar contaminando lençóis freáticos e indo parar em nosso organismo por meio da água que bebemos. Ou, ainda, podem envenenar plantas e animais.

Normalmente, a melhor forma de descarte está escrita na embalagem, por isso é necessário ler com atenção as instruções quando você comprar uma bateria ou pilha, seja ela em formato de botão ou de palito.

No entanto, aqui vai uma dica simples: não misture suas pilhas usadas com as novas. Separe-as guardadas em sacos plásticos fechados e leve-as ao estabelecimento em que as comprou para devolvê-las.

O Conama (Conselho Nacional do Meio Ambiente) exige que os estabelecimentos comerciais que vendem pilhas as recebam para que sejam descartadas de forma correta. Veja uma lista de locais nos links deste capítulo.

Por isso, hoje mesmo, procure as pilhas jogadas por sua casa e comece a recolhê-las. Geralmente, se a pilha passar muito tempo dentro de um brinquedo ou de um controle remoto não utilizado, vazará um líquido tóxico, que inclusive pode danificar o brinquedo ou o controle.

Caso você seja um professor (principalmente de biologia ou de química), seria interessante ensinar aos seus alunos a importância do descarte correto. Se você for um estudante, pode sugerir aos seus professores que discutam esse tema.

Até mesmo em uma empresa é importante conversar e conscientizar seus colegas de trabalho sobre o descarte correto e, quem sabe, implantar uma ação organizando um dia no mês para o recebimento de pilhas usadas, que uma pessoa depois levará para o local correto de recolhimento.

Para a ação de hoje, recolha as pilhas da sua casa e procure um local para levá-las. Depois disso, vá envolvendo outras pessoas em casa, no trabalho e no seu local de estudo. Engajar é a principal palavra para o desenvolvimento sustentável.

REFERÊNCIAS

Vídeo

– Descarte consciente de pilhas e baterias:
https://www.youtube.com/watch?v=zk1vYu0iDHg

Sites

– Reciclagem de pilhas e baterias: custo ou benefício ambiental?
http://cempre.org.br/artigo-publicacao/imprensa/id/12/reciclagem-de-baterias--custo-ou-beneficio-ambiental-

– Como é feita a reciclagem de pilhas e baterias portáteis?
https://www.ecycle.com.br/component/content/article/56-pilhas-e-baterias/5701-onde-descartar-pilhas-e-baterias.html

– Programa ABINEE Recebe Pilhas: onde descartar:
http://www.gmcons.com.br/gmclog/admin/VisualizarPostosMapaCliente.aspx

– A composição das pilhas:
https://www.mundovestibular.com.br/articles/1072/1/PILHAS-E-BATERIAS/Paacutegina1.html

– Resolução do Conama sobre pilhas e baterias:
http://www.mma.gov.br/port/conama/res/res99/res25799.html

DIFICULDADE ☑☑☐☐☐

Fácil! Basta se organizar!

#75 Guarde embalagens de remédios e leve-as para um posto de coleta

Dica: Guarde as embalagens em um saco plástico bem fechado.

Compartilhe: Para qual local você levou as embalagens? Divulgue a sua ação.

REALIZADA ☐ TOTALMENTE ☐ PARCIALMENTE ☐ INICIALMENTE

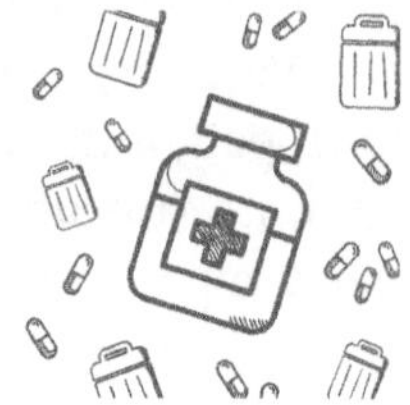

Você já se perguntou o que acontece com as embalagens de medicamentos quando as jogamos no lixo convencional? Não? Bem, isso é normal. Por esse motivo, uma das maiores preocupações acerca dos produtos farmacêuticos é como eles são descartados quando estão vencidos ou sobraram.

Existem três tipos de embalagens nos remédios: a primária, que é a que entra em contato direto com o remédio (os *blisters*, as embalagens das quais tiramos os comprimidos); a secundária, que são as caixinhas que protegem a primária, como os cartuchos; e a terciária, que são as embalagens usadas para o transporte do remédio, como caixas de papelão. Além disso, há a bula, que é feita de papel.

As embalagens que ficam em contato direto com o medicamento – geralmente, a parte feita de plástico, PVC, PVDC ou alumínio – acabam contaminadas simplesmente por esse contato, em que sobram restos imperceptíveis do medicamento. Assim, segundo o manual da Anvisa (Agência Nacional de Vigilância Sanitária), essa embalagem precisa receber o mesmo tratamento que os medicamentos que sobram: a incineração completa. Essa forma de descarte faz com que o material se torne inerte, impedindo-o de interagir com o meio ambiente e eliminando os maiores riscos à saúde e à natureza.

Sabemos da pegada ecológica que existe nesse método de descarte, mas é a forma possível atualmente. Embalagens primárias que não tenham contato com medicamentos perigosos, assim como as secundárias, as terciárias e as bulas, recebem descarte normal e podem ser colocadas no lixo comum para reciclagem.

Contudo, nem todos temos tempo de pesquisar quais medicamentos produzem resíduos que afetam a nossa saúde. Por isso, é importante levar as embalagens que você tiver em casa para pontos de coleta, para que seja feito o descarte correto. Algumas redes de farmácias recebem esse tipo de resíduo, bem como supermercados e alguns hospitais e UBS (Unidades Básicas de Saúde). Procure se informar sobre o local mais próximo a você.

A ação de hoje é muito rápida: recolha as embalagens usadas de sua casa e leve-as para um posto de coleta para que tenham o destino mais adequado.

REFERÊNCIAS

Vídeo

– Descarte irregular de embalagens de remédios aumenta poluição do meio ambiente, da UnisulTV:

https://www.youtube.com/watch?v=1-ePTuYaPHE

Sites

– Sobre descarte de embalagens de medicamentos:

http://portal.anvisa.gov.br/embalagens

https://www.ecycle.com.br/component/content/article/67-dia-a-dia/4984-embalagens-de-medicamentos-quais-sao-os-tipos-existentes-e-descartes-possiveis.html

http://eco4planet.com/blog/embalagens-de-medicamentos-quais-sao-os-tipos-existentes-e-os-descartes-possiveis

http://www.roche.com.br/home/farmaceutica/descartes-de-medicamentos.html

– Programa Descarte Consciente, que mostra vários pontos de coleta na maioria dos estados brasileiros:

http://www.descarteconsciente.com.br

DIFICULDADE ☑☑☑☐☐

Requer pesquisa!

#76 Escolha um posto de combustível que gerencie seus resíduos, principalmente da troca de óleo

Dica: Comente com o frentista se ele sabe qual tratamento o posto dá aos resíduos que gera.

Compartilhe: A qual posto você foi? Que tipo de ação o posto possui?

REALIZADA ☐ TOTALMENTE ☐ PARCIALMENTE ☐ INICIALMENTE

Postos de combustíveis produzem muitos tipos de resíduos, tanto sólidos quanto líquidos, e alguns deles (como óleo, lubrificantes, graxas e tudo que tenha entrado em contato com eles) são classificados como perigosos, porque afetam tanto a saúde humana quanto o meio ambiente. Segundo a Companhia Ambiental do Estado de São Paulo (Cetesb), esses são os resíduos Classe I, que possuem pelo menos uma das seguintes características: inflamabilidade, corrosividade, reatividade, toxicidade e patogenicidade.

Já sabemos a extensão dos problemas caso resíduos sejam jogados de forma desorganizada e descuidada no meio ambiente. O óleo, por exemplo, mesmo em pouca quantidade pode poluir uma grande massa de água. Sem contar, claro, os riscos à nossa saúde.

Todos os postos precisam ter um espaço adequado e um tanque para recolhimento e armazenamento dos resíduos produzidos até que tenham o transporte e o destino corretos. É necessário ter muito cuidado com tubos e tanques enterrados. Geralmente não sabemos, mas abaixo da superfície está um grande tanque de onde sai o combustível que abastece nossos carros. Caso não haja manutenção e controle do que está enterrado, pode haver vazamentos diretamente para os lençóis freáticos.

A ação proposta para hoje é que você pesquise bem os postos nos quais costuma abastecer e descubra se eles seguem corretamente a forma de descarte dos resíduos e a gestão ambiental.

Pergunte para o frentista ou para o gerente para onde vai aquele óleo que você trocou, ou a embalagem do fluido, ou a gasolina que acabou sendo derramada no chão, ou ainda o paninho com que ele verificou o óleo do seu veículo, e de quanto em quanto tempo é recolhido o tambor que contém o óleo usado.

Fazendo essa pesquisa, você descobrirá como cada posto funciona e como trata seus resíduos. Com isso, você terá como optar por serviços apenas dos postos que cuidem de forma correta do assunto, e poderá divulgá-los, fazendo assim a sua parte!

REFERÊNCIAS

Vídeos

– Rede Globo Campinas: Contaminação em Postos de Combustíveis:
https://www.youtube.com/watch?v=nRhTle9hwZs

– Postos abandonados causam riscos de contaminação:
https://www.youtube.com/watch?v=HJNDqBfpsHU

– Descarte correto de resíduos de postos de gasolina:
https://www.youtube.com/watch?v=N9aNiwGRpUw

Sites

– Gestão de resíduos em postos de combustíveis:
https://www.saneamentobasico.com.br/residuos-em-postos-de-combustiveis

– Gestão ambiental: 5 passos para postos de combustível:
http://www.arxo.com/blog/br/2017/04/13/gestao-ambiental-5-passos-para-postos-de-combustivel

– Página da Cetesb sobre postos de combustíveis:
http://cetesb.sp.gov.br/licenciamentoambiental/postos-de-combustiveis

DIFICULDADE ☑☑☑☐☐

Vai ter que pesquisar!

#77 Troque os pneus de seu carro em uma oficina que os descarte corretamente

Dica: Pergunte para o dono da oficina sobre o recolhimento dos pneus.

Compartilhe: Você achou uma oficina confiável? A oficina tem algum certificado de gestão desse resíduo? E dos outros?

REALIZADA ☐ TOTALMENTE ☐ PARCIALMENTE ☐ INICIALMENTE

Podemos ter a impressão de que o pneu não tem o mesmo impacto ambiental que as substâncias tóxicas e de que afeta menos a nossa saúde e o meio ambiente. Mas ele pode trazer problemas sérios, ainda mais no verão.

Seu formato, por exemplo, permite que a água fique acumulada, aumentando a proliferação de mosquitos que causam doenças, como a dengue. Além disso, por muitos pneus serem jogados em rios, eles se tornam barreiras e podem causar assoreamento e enchentes. São descartadas cerca de 450 mil toneladas de pneus por ano no Brasil (dado de 2017), segundo o Serviço Social do Transporte (Sest) e o Serviço Nacional de Aprendizagem do Transporte (Senat). Imagine onde vai parar tudo isso.

No Brasil, é proibida a disposição de pneus em aterros desde 1999. Você pode pensar que a composição do pneu é somente de borracha natural, mas em um pneu de passeio, por exemplo, cerca de 14% da composição é natural e 27% sintética, além de ele conter 28% de fuligem, 17% de derivados de petróleo, 17% de material metálico ou aço e 4% de material têxtil, segundo o Sindicato Nacional da Indústria de Pneumáticos, Câmaras de Ar e Camelback (Sinpec). Pois é, são muitos componentes, o que dificulta a sua reciclagem. Mesmo assim, existem empresas que fazem essa tarefa, transformando o pneu velho em asfalto e pavimentação de vias, grama artificial, artefatos de borracha, granulados e pós de borracha, entre outros.

Para nós, consumidores, existem diversas formas de lidar com um pneu usado. Você pode doá-lo, vendê-lo ou mesmo separá-lo para reciclagem, fica a seu critério. Mas a maioria de nós prefere trocar os pneus em uma oficina. Para os que têm essa preferência, fica a ação mais sustentável de hoje.

Da próxima vez que precisar trocar os pneus ou apenas um deles, pergunte qual o destino que a oficina dá aos objetos. Veja qual empresa é responsável pelo recolhimento e verifique na internet a sua idoneidade. Caso façam a parte delas, doando, vendendo ou reciclando os pneus, é interessante continuar acompanhando os seus serviços. Caso não tenham esse controle, você pode sugerir que elas façam o descarte corretamente, conversando com o dono ou o gerente. Se o dono gostar da ideia e implantá-la, será um bônus; se não, você pode procurar uma nova oficina.

Portanto, a ação de hoje é escolher uma oficina que você já utiliza ou já utilizou e pesquisar sobre ela. Se gostar do que descobrir, poderá multiplicar esse conhecimento. Lembre-se de que temos que pensar na sustentabilidade como algo de longo prazo e que temos o papel de multiplicadores de ideias e novos conceitos. Vamos multiplicar as ações mais sustentáveis!

REFERÊNCIAS

Vídeos

– Mesmo com ecopontos, descarte de pneus ainda é feito de forma incorreta:
https://www.youtube.com/watch?v=IbAM-AMZEEM

– Reciclagem de pneus:
https://www.youtube.com/watch?v=1Bl6IUfCBaU

Sites

– O descarte de pneus:
https://www.ecycle.com.br/component/content/article/59-veiculos/222-como-descartar-pneu.html
http://www.sestsenat.org.br/imprensa/noticia/cerca-de-450-mil-toneladas-de-pneus-sao-descartados-por-ano-no-brasil

– Sindicato Nacional da Indústria de Pneumáticos, Câmaras de Ar e Camelback (Sinpec) sobre a história do pneu, dicas e cuidados:
http://www.fiesp.com.br/sinpec/sobre-o-sinpec/historia-do-pneu

DIFICULDADE ☑☑☐☐☐

Fácil!

#78 Abasteça com etanol

Dica: Não leve em consideração somente o preço.

Compartilhe: Em qual posto que você abasteceu o etanol rendeu mais? Você está satisfeito com esta ação?

REALIZADA ☐ TOTALMENTE ☐ PARCIALMENTE ☐ INICIALMENTE

A ação sustentável de hoje é simples: abasteça com etanol. Lógico que essa opção só será viável se o seu carro for *flex* ou movido a etanol. Mas você deve estar se perguntando o porquê disso. E esse ponto pode ser bem polêmico para os apaixonados por veículos.

Sabemos os enormes impactos ambientais que a gasolina e outros tipos de combustíveis originários do petróleo (ou de outras fontes fósseis) causam. A queima desses combustíveis libera dióxido de carbono, contribuindo para o aquecimento global. Há, também, a liberação do dióxido de enxofre, causador da chuva ácida, e de outros gases.

Não é apenas a utilização dos combustíveis fósseis que afeta o meio ambiente. Existem, por exemplo, casos de vazamentos de navios petroleiros, aqueles que carregam o petróleo para o refinamento, além da dificuldade de armazenamento e da parte residual, que pode ser descartada de forma incorreta.

O etanol, por outro lado, é uma opção um pouco mais limpa, por emitir até 25% menos poluentes que a gasolina e outros combustíveis fósseis. Trata-se de um recurso renovável, pois pode ser produzido a partir da cana-de-açúcar, da soja, do milho, da mamona, da canola ou do babaçu. Além disso, pode levar países subdesenvolvidos a plantarem e se beneficiarem dessa fonte de energia, devido à baixa tecnologia necessária, em comparação a outros combustíveis. Obviamente, esse combustível, apesar das vantagens, não chega a ser tão vantajoso quanto o carro elétrico, que citamos aqui em um outro capítulo, ou a bicicleta e o transporte público, que deixarão pegadas ecológicas menores do que você utilizando o carro sozinho.

Estes são alguns motivos para escolher o etanol como combustível. Caso pesquise mais sobre o assunto, encontrará algumas desvantagens a respeito dessa utilização também. Por exemplo, existe a polêmica da agricultura intensiva, ou seja, do uso da terra para somente um tipo de planta, o que faz com que a cana-de-açúcar ou outra fonte de biocombustível concorra com o plantio de alimentos ou desgaste a terra.

Mas, de modo geral, você perceberá que o etanol é mais vantajoso que outros combustíveis se levar em consideração não só o fator financeiro, mas também o ambiental e o social. Este é o pensamento sustentável!

Por isso, a partir de hoje, e caso seja possível em seu veículo, passe a usar o etanol como fonte de combustível. Ele é um pouco mais barato que a gasolina e pode ajudar a proteger ainda mais o nosso planeta.

REFERÊNCIAS

Vídeos

– História dos combustíveis fósseis:
https://www.youtube.com/watch?v=Sg2ihWBm_Vs

– As vantagens do motor a álcool:
https://www.youtube.com/watch?v=fW3H-GdYVbo

Sites

– Liberte-se dos combustíveis fósseis:
http://envolverde.cartacapital.com.br/liberte-se-dos-combustiveis-fosseis

– Vantagens e desvantagens no uso do etanol:
http://www.pensamentoverde.com.br/economia-verde/vantagens-desvantagens-etanol

– O que é biocombustível?
https://www.ecycle.com.br/component/content/article/37/2968-o-que-sao-biocombustiveis-etanol-biodiesel-biometanol-biogas-biomassa- primeira-segunda-terceiraportal-geracao.html

– Combustíveis fósseis:
http://mundoeducacao.bol.uol.com.br/quimica/combustiveis-fosseis.htm

DIFICULDADE ☑☑☑☐☐

Busque com paciência!

#79 Busque paz espiritual

Dica: Coloque a sua paz em primeiro lugar!

Compartilhe: Como você está buscando paz espiritual? Quais têm sido as dificuldades? E as facilidades?

REALIZADA ☐ TOTALMENTE ☐ PARCIALMENTE ☐ INICIALMENTE

A sustentabilidade também busca cuidar do ser humano, sendo que alguns dos Objetivos de Desenvolvimento Sustentável (ODS) focam justamente na saúde e no bem-estar, na educação, enfim, em uma vida mais decente e igualitária para todos.

Contudo, precisamos primeiro mudar nossas ideias, nossos pensamentos e nossos hábitos, para depois querer mudar o mundo ou aconselhar outras pessoas. Sabemos que todas as nossas ações do dia a dia afetam o meio ambiente e as pessoas ao nosso redor (tanto de forma positiva quanto negativa), mas acabamos esquecendo de uma coisa muito importante: nós mesmos.

A paz espiritual nada mais é do que você estar bem consigo, ou seja, procurar a harmonia e o bem-estar emocional, o que beneficiará primeiro você e, em seguida, as pessoas ao seu redor. Além disso, estando bem, você conseguirá enxergar o mundo de uma forma diferente e muito mais positiva.

A ideia deste capítulo não é pregar uma ou outra religião. Você pode procurar a paz espiritual de diversas formas: indo a cultos, missas, encontros espirituais ou palestras temáticas, participando de grupos específicos sobre o tema, meditando em casa, refletindo com outras pessoas, debatendo com amigos, entre outras coisas.

Você pode começar na sua casa, eliminando objetos e materiais que não sejam importantes e que estejam saturando sua vida. Ou buscar métodos de relaxamento que funcionem para você. Geralmente, temos o costume de transformar pequenas coisas em problemas gigantescos, causando muito estresse e cansaço desnecessários. Essa é outra postura que podemos evitar. Tente reduzir a velocidade, ou seja, evitar os dias muito agitados. Ou faça suas atividades com menos pressa, sempre buscando encontrar um equilíbrio emocional mais completo.

É muito fácil escrever estas dicas e sugerir estas ações para o seu dia, mas sabemos como é difícil colocá-las em prática com tantas atividades diárias. Por isso, a ação mais sustentável de hoje é você focar em algo que aumente a sua paz interior. Precisamos cuidar de nós mesmos para poder melhorar o mundo.

REFERÊNCIAS

Vídeo

– 9 dicas infalíveis pra aumentar a sua paz interior:
https://www.youtube.com/watch?v=E4wEp5I3Eaw

Sites

– Como relaxar a sua mente e ter mais paz interior:
https://amenteemaravilhosa.com.br/relaxar-mente-mais-paz-interior

– Maneiras saudáveis de buscar paz e conforto mental e espiritual:
https://estudospsicanaliticos.wordpress.com/2013/01/09/maneiras-saudaveis-de-buscar-paz-e-conforto-mental-e-espiritual

DIFICULDADE ☑☐☐☐☐
Mamão com açúcar!

#80 Cuide da sua saúde

Dica: Coloque-se como prioridade!
Compartilhe: Você realizou alguma atividade física? Qual? Foi difícil se colocar como prioridade?

REALIZADA ☐ TOTALMENTE ☐ PARCIALMENTE ☐ INICIALMENTE

A ação do Capítulo 79 sugere que você comece a buscar a paz espiritual, que é uma forma de cuidar do seu interior (da alma, do emocional). Já neste capítulo, a ação está ligada ao cuidado do seu corpo, da parte exterior.

Acredito que não precise dar razões para que você cuide de sua saúde, porque é algo que todos precisamos fazer. Contudo, vamos lembrar alguns motivos para aqueles que ainda não estão priorizando o tema em seu agitado dia a dia.

Cuidamos da saúde fazendo exames periódicos, nos alimentando corretamente, fazendo exercícios e tendo atitudes saudáveis. Isso ajuda a diminuir o estresse diário e a ter uma vida melhor. Muitos benefícios virão à sua mente quando pensar nessa expressão. Por exemplo, a melhoria no seu humor, os momentos mais significativos com a família e o sentir-se mais bonito(a) ao melhorar sua autoestima. As possibilidades são muitas, mas todas estão ligadas ao fato de você se sentir melhor em relação a algum tema da sua vida, e assim se sentir mais feliz.

Além de "uma vida melhor", ao cuidar de sua saúde você terá, consequentemente, uma vida mais duradoura e – por que não? – mais sustentável. Assim, poderá passar mais tempo com sua família e seus amigos, fazendo atividades que ama. Uma ótima razão para viver mais pode ser, também, que você consiga ajudar os outros por mais tempo.

Assim, a ação deste capítulo é cuidar de sua saúde hoje mesmo. Agende aquele exame médico ou aquela consulta que você está postergando. Ou inicie uma atividade física sem esperar pela próxima segunda-feira. Diminua as calorias que você ingere. Enfim, coloque em prática hoje as ações saudáveis que está adiando! Lembre-se de todas as coisas que ganhará ao realizar essas ações e aproveite essa oportunidade para continuar transformando o mundo por mais tempo!

REFERÊNCIAS

Vídeos

– Cuidar da saúde hoje para envelhecer de forma saudável!
https://www.youtube.com/watch?v=E0SXMbyiZ_Q

– Restrição calórica e longevidade, do Dr. Drauzio Varella:
https://www.youtube.com/watch?v=zGoImK1Xwfw&list=PLLcA2I5B3SEPQNiSuBwnMOvkCbj3yn-Ii

Sites

– 12 dicas para cuidar da saúde antes de ter que usar remédios:
https://exame.abril.com.br/estilo-de-vida/12-dicas-para-cuidar-da-saude-antes-de-ter-que-usar-remedios

– Cuidar da saúde é o principal objetivo para muitos no início de ano:
http://www.atribuna.com.br/noticias/noticias-detalhe/cidades/cuidar-da-saude-o-principal-objetivo-para-muitos-no-ano-que-se-inicia/?cHash=31d4c252bdba733dba94cab4365c2d40

– Por que devemos cuidar da saúde?
http://sites.unicentro.br/jornalagora/por-que-cuidar-da-nossa-saude

– 16 passos para o check-up perfeito:
http://gq.globo.com/Corpo/Saude/noticia/2014/07/16-passos-para-o-check-perfeito.html

– Veja exames básicos para homens e mulheres dos 20 aos 65:
http://noticias.r7.com/saude/noticias/veja-os-exames-basicos-para-homens-e-mulheres-dos-20-aos-65-ano-20090930.html

– Conheça os exames que toda mulher deve fazer em diferentes idades:
http://delas.ig.com.br/saudedamulher/exames-da-mulher/n1237563912216.html

DIFICULDADE ☑☑☐☐☐

Fácil demais!

#81 Faça mais reuniões e conversas por videoconferência (Skype) do que voos de avião

Dica: Convide outra pessoa para fazer o mesmo!

Compartilhe: Quantos voos você economizou? Quantas reuniões por videoconferência você fez no mês?

REALIZADA ☐ TOTALMENTE ☐ PARCIALMENTE ☐ INICIALMENTE

O meio de transporte que mais vem crescendo em número de adeptos é o aéreo, em aeronaves de todos os tamanhos. É um setor que movimenta muito dinheiro e ajuda no desenvolvimento dos países e na globalização. Contudo, precisamos lembrar que o setor de transportes é um dos grandes responsáveis pela emissão de gases poluentes e de efeito estufa no mundo.

Só o transporte aéreo consome sozinho 3% dos combustíveis fósseis do planeta, produzindo 12% do gás carbônico relacionado a transportes (segundo dados de 2017 do Massachusetts Institute of Technology – MIT).

O principal combustível das aeronaves é o querosene, que, ao ser queimado, produz diversos gases que contribuem para o aquecimento global, como o monóxido de carbono e os óxidos de nitrogênio. Hoje, os motores das aeronaves emitem vinte vezes menos gases que os modelos fabricados em 1970, ou seja, estão ficando mais eficientes. Inclusive, muitas empresas se juntaram para diminuir ainda mais os impactos do transporte aéreo, criando até mesmo o bioquerosene (a versão mais sustentável do combustível comum). No entanto, nem todas as companhias aéreas o utilizam, permanecendo assim os enormes impactos ambientais.

Por essas razões, é interessante que você repense sua rotina e utilize outros meios que não o transporte aéreo. Muitas vezes, acabamos voando para encontrar com pessoas em lugares distantes para reuniões de negócios, por exemplo.

Sabemos que essa não é a realidade de todos que estão lendo este livro, e que são poucas as vezes que viajamos de férias com a família – muitas vezes, nos matamos para dar este prazer a ela. Também não precisamos ser radicais! Esta ação não é uma crítica ao uso do avião, e sim uma reflexão para que utilizemos somente o necessário.

No mundo do trabalho e, às vezes, nos relacionamentos, existem situações em que não podemos evitar uma conversa "cara a cara". Já passei por isso várias vezes. Mas, na maioria dos casos, podemos sugerir a transferência de certas reuniões presenciais para conferências em vídeo, por Skype ou por qualquer outro aplicativo que você preferir. A ação de hoje poderá diminuir o seu impacto ambiental e, principalmente, o impacto financeiro na empresa. Vamos cuidar da nossa pegada ecológica!

REFERÊNCIAS

Vídeo

– Aviões são responsáveis por 3% da poluição ao meio ambiente:
https://www.youtube.com/watch?v=KKesi7aw9kw

Sites

– 11 programas de videoconferência (em espanhol):
https://www.classonlive.com/blog/20-programas-para-hacer-videoconferencia

– Aviões, poluição aérea e os principais aeroportos do Brasil:
http://www.oeco.org.br/blogs/oeco-data/27112-poluicao-aerea-e-os-principais-aeroportos-do-brasil

– O impacto ambiental do transporte aéreo:
https://www.ecycle.com.br/component/content/article/35/1315-o-impacto-ambiental-do-transporte-aereo.html
https://www.greenme.com.br/locomover-se/transportes/324-por-que-os-avioes-poluem-tanto

– Página do laboratório do Massachusetts Institute of Technology (MIT) sobre aviação e o meio ambiente (em inglês):
http://lae.mit.edu

DIFICULDADE ☑☑☐☐☐
Fácil e gratificante!

#82 Faça seus livros antigos circularem

Dica: Encontre um lugar para deixar seus livros antigos.

Compartilhe: Onde você deixou os seus livros? Quais livros você deixou?

REALIZADA ☐ TOTALMENTE ☐ PARCIALMENTE ☐ INICIALMENTE

Ler é uma atividade extremamente importante, que ajuda as pessoas a aumentarem seus conhecimentos culturais e técnicos, assim como suas habilidades. A leitura também ajuda a desenvolver o pensamento crítico das pessoas. Não ler significa não adquirir novos conhecimentos, novas habilidades ou novas ideias. Reforçamos este tema ao longo do livro.

Em uma visão geral, a leitura impulsiona muitas coisas, como novos interesses e curiosidades. E ainda nos faz ter uma sensação de completude. Ler nos faz sentir melhores, mais eficientes e, algumas vezes, até mais inteligentes. No entanto, a leitura não é algo que faça parte do cotidiano da maior parte dos brasileiros.

Por essas razões, é necessário um incentivo ainda maior para que as pessoas comecem a ler. Uma forma de fazer isso é desenvolver o hábito em uma criança, lendo para ela, como sugerido em outro capítulo.

Não estou falando de livros clássicos, com uma linguagem difícil, nem dos técnicos e teóricos, mas de títulos contemporâneos, que tratem de assuntos do interesse de todos, com temáticas importantes.

"Mas", você deve estar se perguntando, "como incentivar a leitura?"

Existem diversas formas de incentivo. Para começar, você pode colocar seus livros antigos para circular, inclusive este, na versão impressa, depois que terminar de ler. Em muitas cidades grandes, existem locais específicos para trocas de livros, e isso funciona de uma forma bem simples: você deixa um livro nesse espaço específico e retira um. Caso na sua cidade não haja esses espaços, procure grupos na internet ou mesmo deixe um livro no banco de uma praça ou num ponto de ônibus. Dá também para implantar um projeto de biblioteca comunitária entre vizinhos. Basta colocar a mão na massa e fazer algo. Inspire-se nas referências no final deste capítulo.

E por que seus livros antigos? Todos temos aqueles títulos que amamos e que gostamos de reler; contudo, também temos livros que lemos uma vez e sabemos que não leremos mais. Esses livros podem ser boas opções para outras pessoas e, quem sabe, podem se tornar leituras favoritas delas, ensinar lições, enfim, ser de maior serventia do que parados em sua estante.

Para todos os pais e mães que estão lendo este livro, além de fazer com que seus livros antigos circulem, volto a salientar: leiam mais com seus filhos, ou até mesmo sozinhos. Quanto mais as crianças veem seus pais lendo, mais elas se sentem impulsionadas a fazer o mesmo. O exemplo dos pais é a base de tudo.

O quarto dos Objetivos de Desenvolvimento Sustentável (ODS) da ONU refere-se a uma educação de qualidade, mas ele não é o único objetivo que incentiva o hábito de leitura. Todos os outros estimulam um pensamento crítico mais apurado para que sejam compreendidos e alcançados de forma mais plena.

Por isso, a ação de hoje é dar um livro antigo para algum amigo ou para um desconhecido. Vamos começar a movimentar nossos livros antigos e a incentivar a leitura!

REFERÊNCIAS

Sites

– Doe um livro:

http://www.clicklivro.com/doeumlivro

http://livrosemapego.com.br

– Locais para doação de livros:
http://prolivro.org.br/home/dicas/doacao-de-livros
– Projeto de troca de livros em terminais de ônibus na cidade de São Paulo:
http://www.sptrans.com.br/livro
– Programa "Doe futuro, doe livros" do centro universitário UniCarioca:
http://agenciabrasil.ebc.com.br/geral/noticia/2014-10/programa-doe-futuro-doe-livros--estimula-habito-da-leitura-entre-criancas-de-c
– Estudantes leem e doam livros para pacientes de hospital de Piracicaba:
http://g1.globo.com/sp/piracicaba-regiao/noticia/2017/02/estudantes-leem-e-doam-livros-para-pacientes-de-hospital-de-piracicaba.html
– A cultura do livro:
http://biblioo.cartacapital.com.br/a-cultura-do-livro-2
– Projeto Esqueça um Livro no Facebook:
https://www.facebook.com/EsquecaUmLivroOficial

DIFICULDADE ☑☑☑☐☐

Pesquise!

Compre brinquedos educativos feitos de material reciclável #83

Dica: Pense no impacto do material no meio ambiente e na atividade da criança.

Compartilhe: Em que loja você comprou? Que brinquedo você comprou? Por que é educativo? Por que é mais sustentável?

REALIZADA ☐ TOTALMENTE ☐ PARCIALMENTE ☐ INICIALMENTE

Qual a importância dos brinquedos na vida das crianças? Você já chegou a se fazer essa pergunta?

Os brinquedos são muito mais que produtos criados apenas para distrair as crianças. Eles servem para ajudar no desenvolvimento e no aprendizado infantil, seja na parte motora ou na intelectual.

É sempre interessante se perguntar que tipos de brinquedos ajudarão no desenvolvimento de cada criança conforme a sua idade. Brinquedos que desafiem as crianças ou que as ajudem de alguma forma instrutiva e divertida podem ser as melhores opções para compra.

Um dos Objetivos de Desenvolvimento Sustentável (ODS) da ONU foca exatamente na educação e no direito à educação de todas as pessoas. E sabemos que a educação das crianças deveria ser uma prioridade para todos.

Bem, recordamos alguns motivos para, na hora da compra, optarmos por brinquedos educativos, mas também é importante lembrar dos brinquedos recicláveis.

Ao longo deste livro, comentamos diversas vezes sobre os impactos que nossas atitudes causam no meio ambiente. Caso ainda não tenha lido, você pode procurar o Capítulo 46, sobre a pegada ecológica. Com os brinquedos, as suas escolhas não são diferentes.Muitos ainda são produzidos com plásticos e peças eletrônicas, que funcionam com pilhas ou baterias. Essas partes não são ecologicamente corretas e demoram anos para se decompor no meio ambiente. Uma opção melhor, por exemplo, são os brinquedos de madeira, que duram mais e são biologicamente degradáveis.

A ação sustentável de hoje, então, é pesquisar lojas e brinquedos mais educativos e feitos de materiais menos prejudiciais ao meio ambiente, para que, em sua próxima compra, você adquira esse tipo de produto. Existem muitas opções no mercado. Depende de você encontrar a que mais te agrada ou a que mais se identifica com a criança que você vai presentear.

REFERÊNCIAS

Vídeos

– Brinquedos educativos e pedagógicos:
https://www.youtube.com/watch?v=G5qEr8YB66I
https://www.youtube.com/watch?v=uN6uWwqulnI

Sites

– Os males do excesso de brinquedos:
http://comoeducarseusfilhos.com.br/blog/pense-nisso-antes-de-comprar-brinquedos-para-seu-filho

– Brinquedos de madeira:
https://br.guiainfantil.com/materias/educacao/brinquedos/por-que-comprar-brinquedos-de-madeira-para-as-criancas

– Por que comprar brinquedos de madeira para as crianças:
https://br.guiainfantil.com/blog/educacao/brinquedoscomprar-brinquedos-nao-e-brincadeira

– Texto de Rosely Sayão sobre comprar ou brincar:
www.escolalumen.com.br/pdf/2016/comprar-ou-brincar.doc

DIFICULDADE ☑☑☑☐☐

Pesquise!

Valorize marcas sustentáveis #84

Dica: Busque informações com amigos e especialistas.

Compartilhe: Quais marcas você achou? Por que são mais sustentáveis?

REALIZADA ☐ TOTALMENTE ☐ PARCIALMENTE ☐ INICIALMENTE

O movimento em prol da sustentabilidade e do meio ambiente, assim como das condições de vida mais humanas, está cada vez maior. Mais pessoas vêm se juntando a essa luta e se preocupando com o caminho que estamos seguindo para um futuro mais verde e azul. Talvez por isso mesmo você esteja lendo este livro.

Assim como as pessoas, marcas de roupas, de higiene, de automóveis, governos e outras instituições estão se movimentando e se mostrando mais conscientes; tentando, profissionalmente ou intuitivamente, por meio de atitudes, produtos e serviços mais sustentáveis, apoiar um mundo mais ecologicamente correto e socialmente inclusivo.

Pesquisar sobre essas marcas é simples. A revista de moda *ELLE*, por exemplo, em novembro de 2017, publicou uma matéria com algumas marcas que estão mais preocupadas com o meio ambiente e outra sobre as sete marcas brasileiras com essa percepção.

Contudo, é muito difícil saber se essas marcas (sejam de roupas, automóveis, brinquedos etc.) são 100% sustentáveis, tanto em sua produção quanto na obtenção de matérias-primas, no uso legal de mão de obra, no uso de energias alternativas, além de em outros indicadores importantes. Mesmo assim, temos que promover e saudar estas marcas preocupadas em mudar, pois estão investindo e atuando no seu modo de impactar o mundo, mesmo que seja aos poucos.

Incentivar essas marcas é importante porque, assim, as concorrentes também terão que aderir a esse movimento, seja por questões comerciais ou por realmente acreditar nele. Isso vai criando a famosa "corrente do bem".

Um dos cuidados que temos que ter é em relação ao *greenwashing*, termo em inglês para a "maquiagem verde". Algumas marcas e serviços apenas fingem ser ambientalmente corretos quando não o são. Por isso, é fundamental buscar mais informações sobre as empresas, os modos de produção, os fornecedores e os conteúdos dos produtos ou serviços, assim como sempre consultar um profissional da área do desenvolvimento sustentável.

A ação de hoje é buscar uma marca mais sustentável e pesquisar profundamente sobre ela, para que, em sua próxima compra, você valorize, compre e divulgue essa marca mais sustentável. Mobilize sempre!

REFERÊNCIAS

Sites

– Marcas sustentáveis:

https://elle.abril.com.br/moda/um-guia-de-marcas-preocupadas-com-sustentabilidade-para-consultar-sempre

http://vogue.globo.com/moda/moda-news/noticia/2017/06/10-marcas-eco-friendly-que-voce-precisa-conhecer.html

– Indicadores Ethos para negócios sustentáveis e responsáveis:

https://www3.ethos.org.br/conteudo/indicadores/#.WoiflWb9uF0

– As empresas mais sustentáveis de 2017 por categoria:

https://exame.abril.com.br/revista-exame/as-mais-sustentaveis-por-categoria

– Prêmio Época Empresa Verde 2017:

http://epoca.globo.com/ciencia-e-meio-ambiente/blog-do-planeta/noticia/2017/12/premio-epoca-empresa-verde-destaca-empresas-com-estrategias-ambientais.html

DIFICULDADE ☑☑☑☐☐
Precisa procurar!

Apoie projetos culturais #85

Dica: Converse com quem você conhece na área cultural ou busque projetos na internet.

Compartilhe: Quais projetos você encontrou? Qual projeto você apoiou?

REALIZADA ☐ TOTALMENTE ☐ PARCIALMENTE ☐ INICIALMENTE

"Cultura" pode ter muitas definições, mas, aqui, vamos nos ater à definição antropológica, que é o conjunto de hábitos sociais e religiosos e de manifestações intelectuais e artísticas que serve para caracterizar uma sociedade.

O Ministério da Cultura apoia, de tempos em tempos, projetos culturais, por meio da Lei Federal de Incentivo à Cultura, que conhecemos como Lei Rouanet, e possui também outros incentivos para o cinema e outras manifestações artísticas. Além do Ministério da Cultura, empresas privadas e alguns estados (como São Paulo, por meio do ProAC) também apoiam (ou patrocinam) projetos culturais.

Mas por que apoiar projetos culturais? A cultura é a forma mais subjetiva de expressão, porque está ligada à nossa história, à nossa linguagem, ao nosso conhecimento de mundo. Ela é, resumidamente, o que caracteriza o brasileiro como brasileiro.

Ao apoiar projetos de teatro, música, cinema, literatura, artes plásticas, dança, entre outros, você não só estará contribuindo com o artista e sua arte, mas incentivando o país a reconhecer essa arte como parte de sua cultura. Sem contar, claro, que mobilizará a economia do país ao apoiar causas genuinamente brasileiras.

O Brasil é um grande polo cultural, pois reúne historicamente outras culturas do mundo e as suas misturas. Contudo, não temos o costume de incentivar a produção dos brasileiros, mas principalmente consumimos outras culturas.

Muitos projetos culturais também têm cunho social, porque podem ajudar comunidades, como projetos relacionados a vendas de artesanato ou arte de comunidades ribeirinhas em situação economicamente desfavorável. Falamos mais sobre esse tema no Capítulo 97.

Uma forma simples e fácil de começar é apoiando um projeto por meio de *crowdfunding* (financiamento coletivo). Um exemplo é o site Kickante, por meio do qual conseguimos a verba para publicar este livro. Sem a ajuda de várias pessoas e de uma empresa, ele não seria publicado e você não poderia lê-lo. Outra forma é apoiar projetos incentivados pelos governos federal, estadual e municipal. Nestes, você inclusive pode ter vantagens na sua declaração do imposto de renda ou descontos nos seus impostos estaduais ou municipais. Pesquise sobre o assunto ou procure especialistas no tema, como produtores culturais ou captadores de recursos de projetos culturais.

A ação mais sustentável de hoje é procurar um projeto cultural com o qual se identifique e ajudá-lo da melhor forma que puder! Pode ser um projeto incentivado pelo governo ou não. Doando dinheiro, renunciando a impostos ou até mesmo sendo voluntário em alguma parte do processo do projeto, você ajuda. E não se esqueça de acompanhar o lançamento do projeto, como a abertura de uma mostra de arte, a publicação de um livro ou a estreia de uma peça de teatro.

Cultura e sustentabilidade têm que andar em conjunto o tempo todo. E você também pode fazer parte disso!

REFERÊNCIAS

Vídeo

– O que é e como funciona o *crowdfunding*:
https://www.youtube.com/watch?v=lQ1bpjpiZTo

Sites

- Editais dão apoio financeiro a projetos culturais:

http://www.sebrae.com.br/sites/PortalSebrae/artigos/editais-dao-apoio-financeiro-a-projetos-culturais,3d5cbea3d9e57410VgnVCM2000003c74010aRCRD

- Página de apoio a projetos do Ministério da Cultura:

http://www.cultura.gov.br/apoio-a-projetos

- Entenda como funciona a Lei Rouanet:

https://clmais.com.br/entenda-como-funciona-a-lei-rouanet-iniciativa-que-aprovou-mais-de-cinco-mil-projetos-em-2017

- Página da Associação Brasileira de Captadores de Recursos (ABCR):

http://captadores.org.br

- Kickante:

https://www.kickante.com.br

- Catarse:

https://www.catarse.me

- I.R. do BEM:

http://www.irdobem.com.br

DIFICULDADE ☑☑☐☐☐
Fácil! É só se informar!

#86 Acompanhe os passos dos políticos nos quais você votou

Dica: Programe-se para acompanhar!

Compartilhe: Você lembra em quem você votou? O que o seu candidato está fazendo? Você já mandou um e-mail para ele?

REALIZADA ☐ TOTALMENTE ☐ PARCIALMENTE ☐ INICIALMENTE

O período de eleições, nas democracias, é uma das épocas mais importantes para todos os países, porque é o momento em que nós, cidadãos, elegemos nossos governantes e legisladores.

Durante as campanhas eleitorais, muitas promessas são feitas pelos candidatos. Os políticos prometem todo tipo de ação e política pública para serem eleitos. Podem ter uma plataforma mais focada em educação ou saúde, em empresas ou no âmbito social, ou ainda em minorias desassistidas ou em um público mais específico. É com base nessas propostas e projetos que escolhemos (ou deveríamos escolher) nossos candidatos.

Saber sobre as atitudes e as decisões dos candidatos eleitos é um direito de todos os cidadãos. Somos nós que podemos realmente fazer com que eles comecem a trabalhar seriamente e coloquem seus projetos em prática.

Mas o que isso tem a ver com sustentabilidade? Alguns (se não todos) os Objetivos de Desenvolvimento Sustentável (ODS) da ONU são expectativas de melhorias para a população, para as empresas e para o meio ambiente. E quem tem um grande poder de realizar e criar políticas públicas que melhorem os indicadores de desenvolvimento sustentável de um país são os políticos. Por meio de leis, políticas públicas, projetos e investimentos, nossos representantes têm que direcionar o dinheiro público (os impostos) para leis e ações mais sustentáveis, que busquem os ODS.

Candidatos que apoiem o conceito e as ações de sustentabilidade podem ser boas opções na hora da eleição. Mas precisamos verificar se estão cumprindo com o que prometeram. É muito importante que façamos o controle dos nossos representantes, porque estaremos tomando conta do nosso país. E, todos juntos, vamos ajudar no crescimento econômico, na melhoria da qualidade de vida da população e na proteção do meio ambiente.

Por isso, a ação de hoje é que você acesse o site de algum candidato que você ajudou a eleger e acompanhe os seus passos. E, caso seja necessário, mande um e-mail ou ligue para o gabinete dele perguntando sobre os projetos prometidos. Tenho um colega professor que faz isso quase diariamente, ligando para os gabinetes de senadores e deputados e questionando algum posicionamento, projeto de lei ou fala deles. Muitos gabinetes atendem e dão retorno. Outros não.

Não perca a fé nos nossos políticos, ou não teremos a continuidade do nosso sistema democrático. Quem sabe não seja a hora de você também se candidatar e criar políticas e ações mais sustentáveis para o nosso país.

REFERÊNCIAS

Sites

– Como acompanhar e fiscalizar os políticos eleitos:

https://eleicoes.uol.com.br/2016/noticias/2016/10/27/como-fiscalizar-o-politico-eleito.htm

http://www.politize.com.br/como-acompanhar-os-candidatos-eleitos

http://www.politize.com.br/4-formas-para-acompanhar-politicos

http://epoca.globo.com/tempo/eleicoes/noticia/2014/11/7-ferramentas-para-bfiscalizar-os-politicos-eleitosb.html

– Ranking dos políticos:

http://www.politicos.org.br

DIFICULDADE ☑☑☑☐☐

Cuidado! É mais difícil do que parece!

#87 Não use o "jeitinho" brasileiro

Dica: Preste atenção em todas as suas ações no seu dia a dia!

Compartilhe: Qual "jeitinho" brasileiro você evitou hoje?

REALIZADA ☐ TOTALMENTE ☐ PARCIALMENTE ☐ INICIALMENTE

Todos nós conhecemos o jeitinho brasileiro, certo? É uma expressão que aprendemos desde pequenos, e muito raramente uma pessoa nativa do país não sabe seu significado. O jeitinho brasileiro nada mais é do que as diversas maneiras rápidas e eficientes que muitos brasileiros encontram para resolver problemas e inconveniências do dia a dia.

O problema está no fato de que esse jeitinho tão característico de nossa cultura pode ser tanto bom quanto mau. Como assim? Pois bem, imagine uma situação em que você está em casa sem poder sair, por estar sem dinheiro, e está entediado. É noite e o modem da internet não está funcionando. Como resolver esse problema? Há duas soluções possíveis: a boa, que seria você ir até seu vizinho e pedir a senha dele emprestada, e a ruim, que seria você descobrir a senha do vizinho e usá-la sem permissão.

A diferença entre o bom e o mau, nesse caso, é justamente a forma como o jeitinho funciona. Ele pode ser visto tanto como um favor, um momento de criatividade, quanto como uma forma de corrupção.

Como, em muitos casos, as pessoas acabam levando o jeitinho brasileiro para o lado negativo, por querer facilitar as próprias vidas o máximo possível, é bem complicado enxergar o termo como algo bom. Nós temos a opção de usar ou não o jeitinho em nossas vidas, mas sempre resta a pergunta: quando é que ele deixa de ser uma forma de pensamento criativo e passa a ser um terreno fértil para corrupção sistêmica?

O termo "corrupção sistêmica" levanta muitas discussões e, como não há uma resposta, é sempre bom evitar atitudes que possam resultar em ações dúbias ou que firam a moral e a ética da sociedade (ou de alguém). Portanto, a ação da vez é que nós deixemos de usar o jeitinho brasileiro em nosso dia a dia. Ele pode, sim, ser visto como uma expressão cultural, mas nem sempre é algo bom.

Para construirmos um mundo mais justo e igualitário, precisamos começar tentando diminuir as ações que inibam esses dois objetivos.

REFERÊNCIAS

Vídeo

– Jeitinho brasileiro: corrupção ou esperteza?

https://www.youtube.com/watch?v=NQKeFI0RCCs

Sites

– Jeitinho brasileiro é corrupção?

https://www.diariodocentrodomundo.com.br/o-que-ha-de-corrupcao-no-jeitinho-brasileiro

http://www.politize.com.br/jeitinho-brasileiro

– A sociologia por trás do "jeitinho brasileiro":

http://noticias.ne10.uol.com.br/10horas/noticia/2015/12/09/a-sociologia-por-tras-do-jeitinho-brasileiro-585320.php

DIFICULDADE ☑☐☐☐☐

Facílimo!

#88 Não cace e não coma carne de caça ilegal

Dica: Pesquise quais espécies correm risco de extinção por causa da caça.

Compartilhe: Ficou sabendo de algum caso de caça ilegal? Avise as autoridades da região.

REALIZADA ☐ TOTALMENTE ☐ PARCIALMENTE ☐ INICIALMENTE

Um dos conceitos mais importantes de que sempre precisamos lembrar a respeito da natureza é que ela é finita e leva tempo para se renovar. Precisamos entender que "gastar" indiscriminadamente os recursos do meio ambiente é um erro que a humanidade vem cometendo há algum tempo.

Consumir produtos de procedência duvidosa, que talvez não estejam dentro das leis, ajuda a aumentar ainda mais a corrupção e a utilização de recursos tão necessários para nossa vida – como a carne, por exemplo. Falamos sobre isso no Capítulo 42.

A caça é uma atividade que faz parte da vida humana desde a pré-história. As pessoas sempre precisaram caçar para se alimentar ou matar os animais para se defender. Contudo, com a evolução e as criações de animais, a caça se transformou em esporte. E a produção de alimentos (tanto vegetais quanto animais) passou a ser controlada e a ter legislações próprias.

Muitos países em que a caça antes era permitida e incentivada agora passaram a proibi-la. Contudo, no Brasil, mesmo que a caça profissional seja proibida, a amadora não é, o que faz com que muitos animais ainda sejam alvos dessa prática.

Por essas razões, precisamos nos posicionar contra a caça e negar qualquer produto que possa ser gerado a partir dela, seja carne, couro, ossos ou dentes. Muitos animais já foram extintos por causa da caça e muitos ainda podem ser caso ela continue.

A ação deste capítulo é voltada para a conscientização a respeito de nossos recursos e da necessidade de defender nossos animais. Se não houver consumo dos produtos oriundos dessa prática, o mercado muda ou acaba parando de produzir. Portanto, não comprar carne ou produtos (como artesanato) de caça ilegal é o mínimo que podemos fazer para que essa atividade desumana perca força. Além disso, não devemos caçar por *hobby* ou diversão.

Pesquise mais sobre a caça no Brasil e entenda como essa prática ainda acontece. Divulgue e coloque a sua opinião nas redes sociais. Mobilize mais pessoas sempre!

REFERÊNCIAS

Vídeos

- **Polícia ambiental faz operação contra caça ilegal de animais silvestres:** https://www.youtube.com/watch?v=t24KIvTR6V8
- **Morte de leão africano Cecil traz à tona polêmica sobre caça:** https://www.youtube.com/watch?v=FXEI86cota8

Sites

- **O que motiva alguém a caçar um animal por esporte?** http://revistagalileu.globo.com/Sociedade/noticia/2015/07/o-que-motiva-alguem-cacar-um-animal-por-esporte.html
- **Animais usados para entretenimento:** http://www.animal-ethics.org/exploracao-animal/animais-usados-entretenimento/caca
- **Caseiro de fazenda é multado em R$ 5 mil por caça ilegal:** http://diarionline.com.br/?s=noticia&id=95546
- **Várias matérias sobre caça na Exame:** https://exame.abril.com.br/noticias-sobre/caca

DIFICULDADE ☑☑☑☐☐

Precisa pesquisar!

#89 Cuidado com o tráfico humano

Dica: Fique alerta sempre!

Compartilhe: Ouviu falar de algum caso de tráfico humano? Soube de algum golpe? Avise as autoridades e compartilhe a informação!

REALIZADA ☐ TOTALMENTE ☐ PARCIALMENTE ☐ INICIALMENTE

Este tema realmente é muito pesado e deve ser conhecido e debatido por pessoas como você, que estão em busca de melhorias para este mundo.

Vem aumentando o número de vítimas de tráfico humano no Brasil, segundo uma reportagem do jornal *O Globo* em 2017. Foi realizado um levantamento nos 16 Núcleos de Enfrentamento ao Tráfico de Pessoas (NETP) e descobriu-se que houve um aumento de 8% no número de vítimas. No mesmo ano, a Agência Brasil publicou uma notícia que identificava 317 mulheres e 5 homens de um total de 488 casos de exploração sexual.

Na mesma reportagem, relata-se que o tráfico de pessoas é um crime subnotificado, ou seja, que tem baixo índice de denúncias realizadas. Segundo o Ministério da Justiça, as causas são diversas, e entre elas está a vergonha por parte da vítima. Além disso, o Ministério frisa que é um crime que não é fácil de ser identificado.

O Ministério da Justiça promoveu, no ano de 2017, algumas ações por todo o Brasil para tentar chamar a atenção das pessoas para situações que podem ter como finalidade o tráfico humano.

Fica explícito, a partir desses dados, que o tráfico humano é um grande problema. Homens e mulheres (mas principalmente as mulheres, já que os números apontam que são as maiores vítimas) precisam tomar muitos cuidados no dia a dia para não acabarem em uma situação como essa. Além disso, é imprescindível divulgar e envolver mais familiares e amigos nesse debate.

O tráfico de pessoas é considerado uma violação muito grave dos direitos humanos, e, portanto, vai contra os Objetivos de Desenvolvimento Sustentável (ODS) da ONU, na medida em que fere o indivíduo em seus direitos vitais: dignidade, liberdade de ir e vir, integridade física e psicológica, liberdade sexual e de trabalho.

Diversas situações podem levar uma pessoa a ser sequestrada e, consequentemente, virar um "objeto" do tráfico. Novelas e filmes já mostraram jovens aspirantes a modelos serem ludibriadas e convencidas a deixarem seus países para acabarem virando escravas sexuais. Muitas vezes, os traficantes utilizam essas pessoas para serviços forçados; outras vezes, removem órgãos para venda.

Uma cartilha feita pelo Ministério Público Federal e pela Procuradoria Federal dos Direitos do Cidadão lista as diversas situações em que há risco de tráfico humano e como devemos nos proteger ao nos vermos nelas. Esses cuidados vão além da nossa própria proteção, já que, conhecendo o problema, teremos mais condições de identificá-lo e denunciá-lo.

A sustentabilidade visa à segurança do ser humano e a uma qualidade de vida justa e humana. Por isso, a ação sustentável de hoje é pesquisar sobre o tema e divulgar para o máximo de pessoas que puder. Comece pelos links deste capítulo e ache mais fontes. Conhecimento é a base para acabarmos com as maldades da sociedade.

REFERÊNCIAS

Filme

– ***Anjos do Sol*** **(2006)**

Conta a história de Maria, que é vendida pela família, que acredita que está mandando a menina para uma vida melhor. Depois de sofrer em uma casa de prostituição e fugir, a atividade ilegal cruza outra vez o seu caminho.

Vídeos

– Tráfico de pessoas para trabalho forçado:

https://www.youtube.com/watch?v=zZAz7ryRInI

– Vítimas de tráfico de pessoas contam seus dramas:

https://www.youtube.com/watch?v=gNVvN21O8f0

Sites

– Cartilha do Ministério Público Federal:

http://www.prrj.mpf.mp.br/sala-de-imprensa/publicacoes/trafico-de-pessoas-conhecer-para-se-proteger

– Vítimas de tráfico humano aumentam nos dois últimos anos:

https://oglobo.globo.com/brasil/vitimas-de-trafico-humano-aumentam-nos-dois-ultimos-anos-21213894

– Mulheres são a maioria das vítimas do tráfico de pessoas, aponta relatório:

http://agenciabrasil.ebc.com.br/geral/noticia/2017-09/mulheres-sao-maioria-das-vitimas-do-trafico-de-pessoas-aponta-relatorio

DIFICULDADE ☑☑☐☐☐

Fique atento!

Proteja as crianças do abuso infantil e da violência doméstica #90

Dica: Conheça os principais fatores do abuso e da violência.

Compartilhe: Quais são os principais fatores? Por que isso acontece? Quais são as maneiras de evitá-los? Quais são as maneiras de combatê-los?

REALIZADA ☐ TOTALMENTE ☐ PARCIALMENTE ☐ INICIALMENTE

Como adultos responsáveis, devemos cuidar de nossas crianças e prezar por sua segurança. Elas são o futuro de nossa nação e a herança que deixamos para o mundo. São a continuidade, a perenidade e a sustentabilidade da raça humana. Tudo isso você já deve ter ouvido falar, certo?

Infelizmente, não há números exatos que indiquem o problema do abuso infantil para que possamos quantificar metodologicamente as melhorias a serem realizadas, pois grande parte dos casos não é relatada pelos meios formais. Dados da Unicef de 2017 mostram que, a cada 1 hora, uma criança é agredida, torturada ou espancada no país. Esse é um problema que podemos encontrar diariamente em notícias nos jornais e na internet. Vale lembrar que abuso e violência não se resumem aos aspectos sexual e físico, mas também ao emocional e à exploração.

Em muitos casos, como relatado pela psicóloga Marisa de Abreu Alves em um site citado nas referências deste capítulo, as crianças não sabem o que está acontecendo, por ainda serem muito ingênuas e não enxergarem a maldade dos abusadores. Elas entendem apenas quando crescem e recebem informações explicando que isso não deveria ter acontecido. Ou seja, quando aumenta o discernimento para classificar o que é bom e o que é mau, o que pode e o que não pode ser feito. Muitas se sentem culpadas e começam a se tornar mais agressivas e retraídas. Outras passam até a sentir um medo incompreensível de pessoas que sejam do mesmo sexo de seu abusador.

É dever dos responsáveis estarem atentos para sinais de abuso! As crianças podem se expressar de diferentes formas: algumas se calam e evitam certas pessoas, outras desenham partes específicas do corpo com muitos detalhes. É importante ter em mente que muitos abusadores são familiares, informação que provavelmente faz com que os pais duvidem ainda mais de que algo esteja acontecendo, uma vez que ninguém quer aceitar que isso se passe em sua própria casa. No entanto, não são só os pais que precisam estar atentos. Muitas crianças passam horas na escola, e os professores acabam se tornando as pessoas com quem elas mais têm contato. Por essa razão, é necessário que os educadores também fiquem atentos para contatar o Conselho Tutelar, caso seja preciso.

Se você – mãe, pai, responsável ou professor – suspeitar de algum caso de abuso ou violência contra crianças, pode tanto ligar para a polícia quanto para o Disque 100, que é diretamente vinculado à Secretaria de Direitos Humanos. Além disso, existem muitas organizações de proteção às crianças, como a Save the Children. Em caso de suspeita, crie um ambiente aberto para que a criança possa se expressar. E não duvide caso ela conte algo. Confrontar uma criança nesse momento pode fazer com que ela se feche ainda mais.

Uma forma de evitar que essas maldades aconteçam é tendo conhecimento de quem fica perto de seu filho, sobrinho, enteado etc. Mas, mesmo assim, é sempre bom prestar muita atenção às interações das pessoas com o pequeno ou a pequena. Além disso, vá ensinando, conforme a criança for crescendo, o que é certo e o que não é, para que ela possa ter consciência desde cedo sobre o assunto e dizer se perceber algo de errado.

Por que falamos disso em um livro sobre sustentabilidade? É muito simples. A sustentabilidade também se preocupa com o ser humano. E nós devemos proteger os mais fracos ou aqueles que não podem falar por si, como os animais e as crianças pequenas. Não há pessoas mais indefesas do que as crianças, e é nosso dever criar ambientes seguros e mantê-las protegidas.

A ação de hoje é pesquisar sobre o tema e divulgar os principais pontos de atenção para com a criança a outros pais e amigos. Veja os links do capítulo. Não vamos deixar que esse assunto saia de pauta. Divulgue sempre!

REFERÊNCIAS

Vídeos

– Abuso sexual infantil: sequelas (desenho animado):
https://www.youtube.com/watch?v=XH2LM5tN6SU

– Campanha Quebrando o Silêncio:
https://www.youtube.com/watch?v=HeODteerRUg

– Vamos falar sobre violência infantil?
https://www.youtube.com/watch?v=8yFGzNj65Kg

Sites

– Psicóloga Marisa de Abreu Alves sobre o abuso infantil:
http://www.marisapsicologa.com.br/abuso-infantil.html

– Como identificar o abuso infantil:
http://www.clicrbs.com.br/sites/swf/an_crime-silencioso/sinais-abuso.html
http://www.amaecoruja.com/2017/04/abuso-infantil-15-formas-de-reconhecer-sinais-de-abuso-em-criancas-e-bebes

– Save the Children:
https://www.savethechildren.net

DIFICULDADE ☑☑☑☐☐

É preciso ler os rótulos de todos os alimentos!

#91 Diminua a quantidade de sódio na sua alimentação

Dica: Memorize quais alimentos têm mais ou menos sódio.

Compartilhe: Qual produto você encontrou que tem sódio em excesso? Qual produto tem menos sódio? De que marca é?

REALIZADA ☐ TOTALMENTE ☐ PARCIALMENTE ☐ INICIALMENTE

O sódio é uma das substâncias que mais ingerimos em nossos dias, porque está presente tanto no sal quanto nos alimentos prontos vendidos em supermercados. Além disso, também está presente nos temperos prontos e, portanto, nos restaurantes *self-service* e de pratos feitos. Isso sem contar as redes de *fast food.*

O sódio deixa as comidas mais gostosas, mas aumenta o risco de muitas doenças perigosas, como hipertensão, catarata, pedras nos rins, acidentes vasculares cerebrais e câncer no estômago, entre outros problemas de saúde. Essa substância ainda causa a retenção de líquidos e nos faz sentir mais inchados do que o normal, provocando uma maior variação de peso.

O sódio reage em cada organismo de forma diferente, mas não é bom abusar para descobrir até onde seu corpo pode chegar. O sódio é um elemento importante para nosso organismo, mas os brasileiros tendem a consumir mais que o dobro da quantidade necessária para a sobrevivência, e este é um grande problema.

A Sociedade Brasileira de Hipertensão recomenda que consumamos apenas 2.300 mg de cloreto de sódio por dia. A melhor forma de garantir que estejamos dentro desse número é verificar a tabela nutricional dos alimentos que ingerimos e optar por comidas caseiras sempre que pudermos, tomando sempre cuidado com a quantidade de sal que colocamos no tempero.

Por isso, a ação deste capítulo é que você preste mais atenção na quantidade de sódio que está ingerindo no seu dia a dia. Cuidar da sua saúde é uma atitude sustentável porque, além de este ser um dos Objetivos de Desenvolvimento Sustentável (ODS) da ONU ligados à saúde humana, precisamos estar bem para podermos continuar praticando outras ações sustentáveis e conseguirmos ter energia em nosso dia a dia.

REFERÊNCIAS

Vídeos

– Por que o excesso de sódio faz mal à saúde? Com o professor Jubilut:
https://www.youtube.com/watch?v=wmRp4qk0BmQ

– Dúvidas sobre o sódio, do Dr. Drauzio Varella:
https://www.youtube.com/watch?v=Y1H6rohqMJE

Sites

– Riscos do excesso de sódio:
https://www.agemed.com.br/agenews/perigos-do-sodio
https://catracalivre.com.br/geral/saude-bem-estar/indicacao/os-riscos-do-excesso-de-sodio-saiba-quais-alimentos-voce-deve-evitar
https://cosmopolitan.abril.com.br/ame-seu-corpo/os-riscos-do-excesso-de-sodio

DIFICULDADE ☑☑☑☐☐

Requer planejamento!

#92 Encontre mais seus amigos de infância

Dica: Tente marcar um dia para encontrá-los.

Compartilhe: Foi difícil? Alguém não pôde ir? Quando será o próximo encontro?

REALIZADA ☐ TOTALMENTE ☐ PARCIALMENTE ☐ INICIALMENTE

Ter amigos e amigas é uma das melhores coisas do mundo, tanto para o nosso psicológico quanto para nossa saúde física. Amigos e amigas são as pessoas que nos apoiam em nossos sonhos e ideias e que também mantêm nossos pés no chão e nos puxam de volta para a realidade quando precisamos.

Quando estamos doentes, os amigos e amigas também nos ajudam a nos recuperarmos ainda mais rápido, nos oferecendo companhia e apoio. Enfim, os amigos mudam o ambiente ao nosso redor, até mesmo quando dão conselhos que vão contra aquilo em que acreditamos ou não concordam com nossas opiniões. Amigos também estão lá para nos mostrar uma visão diferente da vida e nos fazer pensar com mais clareza. Não só para nos divertir.

A importância dos amigos de infância está no fato de que você pode sempre recuperar memórias e momentos divertidos, além de descobrir assuntos e interesses novos que possam se somar aos seus. Conhecer pessoas novas é importante, mas, depois de algum tempo de distância, até mesmo os amigos mais antigos se renovam, aprendem coisas novas, o que nos dá espaço para os conhecermos mais uma vez.

Reconectar-se com amizades também pode ajudar no seu desenvolvimento profissional, já que nunca podemos prever as oportunidades que surgirão em nosso caminho conforme vamos conhecendo as pessoas. Quem sabe esse reencontro crie uma oportunidade de negócio, um cliente ou até um novo sócio.

Então, assim que puder e tiver tempo, entre em contato com amigos e amigas de sua infância ou adolescência. A ação de hoje é marcar um encontro com um ou vários amigos e amigas de infância. Sair para conversar e socializar. Mesmo que vocês acabem não mantendo contato depois, a atividade lhe fará bem de diversas formas.

REFERÊNCIAS

Vídeo

– Os três tipos de amizade:

https://www.youtube.com/watch?v=zBd90b0zrfE

Sites

– Sobre a importância de ter amigos:

http://somostodosum.ig.com.br/artigos/psicologia/a-importancia-de-ser-e-de-ter-amigos-12064.html

https://www.megacurioso.com.br/medicina-e-psicologia/100540-5-provas-cientificas-de-que-e-importante-ter-amigos.htm

http://www.dgabc.com.br/Noticia/462229/e-importante-ter-amigo

DIFICULDADE ☑☑☐☐☐
Fácil!

#93 Não valorize a violência

Dica: Controle suas falas, referências e atitudes.
Compartilhe: O que não é legal falar? O que não é legal compartilhar nas redes sociais? O que você conseguiu evitar no seu dia a dia?

REALIZADA ☐ TOTALMENTE ☐ PARCIALMENTE ☐ INICIALMENTE

É muito comum ligarmos a televisão e encontrarmos, em diversos canais, todos os tipos de programas com temáticas violentas mostradas de várias maneiras. Também é normal vermos à venda jogos com temáticas de violência, sejam de ação, aventura, guerra ou qualquer outro gênero.

Filmes de todos os tipos, principalmente os de ação, e livros de diversos gêneros possuem, no mínimo, uma cena de violência. Acontece por muitos motivos, seja para proteger a mocinha ou para salvar o mundo. Contudo, é nos noticiários, com certeza, que a violência em todas as suas formas mais tem aparecido.

Para os adultos, já é difícil lidar com toda a violência que vemos diariamente. Mas sabemos diferenciar a realidade (mostrada no noticiário) da ficção (jogos, filmes e livros). Crianças pequenas, muitas vezes, não sabem separar as situações.

A violência virou entretenimento e tem sido um dos produtos mais vendidos ao redor do mundo. Contudo, precisamos ficar atentos à forma como ela está sendo consumida pelas crianças e pelos jovens.

Provavelmente, a melhor forma de lidar com toda essa exposição é conversar e explicar para as crianças sobre o que é certo e o que é errado, o que é realidade e o que é ficção. Isso, porém, não resolverá completamente o problema, porque tudo depende de quanto nós acabamos sendo expostos à violência.

Diminuir a exposição é a forma ideal para lidar com a violência. A ação do capítulo de hoje é justamente não valorizar nem consumir produtos que tenham a violência como tema principal ou pano de fundo. Por isso, só hoje, tente evitar os noticiários violentos e também jogos, filmes e livros violentos. Você perceberá o quanto é difícil. Busque entretenimento com temas diferentes, que instrua as crianças de formas diferentes e mais adequadas. Só assim conseguiremos criar um bom repertório para que os futuros adultos também busquem um mundo melhor e sem violência.

REFERÊNCIAS

Vídeos

- A exploração da violência na TV brasileira:
https://www.youtube.com/watch?v=R2rfTE04gO0

- Violência na tela:
https://www.youtube.com/watch?v=OeQQKSN-0VM

Sites

- Efeitos dos videogames violentos em crianças:
http://www2.uol.com.br/sciam/noticias/videogames_violentos_tem_efeitos_negativos_em_criancas.html
https://veja.abril.com.br/blog/educacao-em-evidencia/as-criancas-diante-da-violencia--em-jogos-e-filmes

- Trabalho de Ana Lúcia Oliveira Morais, "As crianças e a violência na televisão":
http://www.ipv.pt/forumedia/3/3_fe5.htm

DIFICULDADE ☑☑☐☐☐

Colabore!

#94 Ajude a combater o tráfico de animais

Dica: Não compre animais silvestres!

Compartilhe: O que você aprendeu sobre o tráfico de animais? Como combatê-lo?

REALIZADA ☐ TOTALMENTE ☐ PARCIALMENTE ☐ INICIALMENTE

Muitas pessoas gostam de animais de estimação, e algumas chegam a gostar de animais mais exóticos. É normal, em nossas vidas agitadas, querermos companhias que não sejam humanas. A maioria adota cachorros, gatos ou passarinhos e, até mesmo, peixinhos. Segundo a Associação Brasileira da Indústria de Produtos para Animais de Estimação (Abinpet), em 2017 o Brasil foi o terceiro maior mercado do mundo no setor pet e, segundo o Instituto Brasileiro de Geografia e Estatística (IBGE), no mesmo ano, havia 50 milhões de cães e 22 milhões de gatos no nosso país. Contudo, algumas poucas pessoas acabam por escolher animais que não deveriam ser de estimação.

Precisamos entender, primeiro, a diferença entre os animais domésticos e os silvestres. Os domésticos são os que já estão acostumados a ficar junto aos seres humanos. Os silvestres, por outro lado, foram retirados à força de seus *habitats* naturais e reagem à presença humana, podendo ter dificuldades para se desenvolver de forma saudável e se reproduzir quando em cativeiro.

O tráfico de animais silvestres é a terceira maior atividade ilegal do mundo, gerando aproximadamente 10 bilhões de dólares no ano. Segundo a Rede Nacional de Combate ao Tráfico de Animais Silvestres, em 2017, o Brasil era responsável por 15% desse mercado. E isso não traz nada de bom aos animais que são retirados de seus lares. Por serem transportados em gaiolas apertadas e sofrerem maus-tratos, muitos acabam desnutridos e mortos ao longo do caminho. Junto com a caça, o tráfico também coopera para a extinção de algumas raças ao diminuir o número de animais existentes na natureza.

Há maneiras simples de evitarmos o tráfico de animais. Para começar, é importante conhecer a Lei de Crimes Ambientais para conseguirmos identificar o que é ou não tráfico e como funciona a denúncia. Depois, obviamente, não devemos comprar animais silvestres ou objetos e bijuterias que possuem partes dos animais, como penas, ossos, dentes etc.

E, claro, sempre denuncie caso encontre ou suspeite de algo relacionado ao tráfico de animais. Para isso, há a Linha Verde do Ibama (0800 618080) e o site www.ibama.gov.br.

A ação sustentável de hoje é pesquisar e conhecer mais sobre esse tema. E, depois, divulgar e conversar com pessoas que mantêm algum animal silvestre em cativeiro. Lembre-se de que só existe quem vende porque existe quem compra.

Nunca se esqueça de que dependemos de uma natureza equilibrada para sobreviver, porque dela obtemos desde alimentos até remédios. Sem os animais, não há harmonia ou equilíbrio no meio ambiente. Então, é nosso dever nos unirmos contra o tráfico de animais e cuidarmos da vida silvestre do planeta.

REFERÊNCIAS

Vídeos

– Sobre o tráfico de animais silvestres:

https://www.youtube.com/watch?v=9qam4ya7lIo

https://www.youtube.com/watch?v=zXNuyBlgOMk

Sites

– O que é um animal silvestre?

https://www.wwf.org.br/natureza_brasileira/questoes_ambientais/animais_silvestres

– Tráfico de animais silvestres:

https://www.ecycle.com.br/component/content/article/63/2574-trafico-de-animais-silvestres-o-que-e-como-combater-por-que-diminuicao-da-populacao-maus-tratos-gaiolas-desnutricao-dizimacao-populacao-medico-veterinario-animal-certificado-ibama-regulamentado-alimentacao-prudencia-com-a-natureza-denuncia-selo.html

http://mundoeducacao.bol.uol.com.br/geografia/trafico-animais-no-brasil.htm

http://www.renctas.org.br/ambientebrasil-trafico-de-animais-silvestres

– Página da Renctas com várias publicações sobre o tema:

http://www.renctas.org.br/trafico-de-animais

DIFICULDADE ☑☑☑☐☐

Requer planejamento!

Invista em energia solar na sua casa ou no seu condomínio #95

Dica: Pesquise, faça um orçamento e implemente.

Compartilhe: Foi difícil pesquisar? A instalação é rápida? Quanto você passou a economizar na conta de energia elétrica?

REALIZADA ☐ TOTALMENTE ☐ PARCIALMENTE ☐ INICIALMENTE

A energia solar é, provavelmente, uma das energias mais limpas e renováveis que podemos encontrar. Ela não afeta o meio ambiente nem nossa saúde, já que não libera poluentes na atmosfera. Obviamente, também possui uma pegada ecológica, por conta da produção das placas solares e das baterias, mas com certeza é uma pegada menor que a dos combustíveis fósseis, por exemplo. Segundo o Ministério de Minas e Energia (MME), o Brasil deve integrar o ranking dos 20 maiores produtores de energia solar em 2018. E, segundo a Associação Brasileira de Energia Solar Fotovoltaica (Absolar), o crescimento do setor foi de 300% entre 2014 e 2017, gerando negócios, empregos e desenvolvimento do país.

Há duas formas de aproveitar a energia do sol. Neste capítulo, vamos falar da mais conhecida: a geração de energia elétrica. A energia solar traz muitas vantagens, principalmente para o meio ambiente, já que é uma fonte renovável. Não precisa de muita manutenção e, em casas e vilas afastadas dos grandes centros urbanos, pode representar uma grande vantagem, porque não necessita de linhas de transmissão para funcionar. Sem contar que, mesmo que todo o material de instalação seja um pouco mais caro, ela acaba valendo a pena, porque depois usará apenas o recurso advindo da natureza, sem mediadores. Em certos casos, pode até haver retorno financeiro, pois em certos lugares é possível vender o excedente de energia para as empresas de distribuição de energia da região.

Tecnicamente, há dois sistemas usados para a produção e a transformação de energia solar em elétrica: o heliotérmico (quando a irradiação se transforma, primeiro, em energia térmica e, depois, em elétrica) e o fotovoltaico (quando a irradiação é transformada diretamente em energia elétrica).

A geração de energia normalmente usada em casas e apartamentos é a fotovoltaica. Contudo, você pode escolher a que melhor se adaptar às suas necessidades (caso você tenha uma empresa, por exemplo).

Tente investir, assim que possível, na instalação de energia solar para sua casa; ou, se morar em apartamento, sugira para o síndico a instalação no condomínio ou no prédio. A energia solar também é uma opção para empresas de todos os tipos. Caso ainda esteja em dúvida, veja, nos links indicados ao final do capítulo, uma notícia de fevereiro de 2018 do *Globo* anunciando que o custo da instalação dos equipamentos necessários para a utilização da energia solar caiu pela metade em todo o país.

A ação deste capítulo é pesquisar os preços e o modelo ideal para sua casa ou seu condomínio. Assim, você poderá fazer o planejamento financeiro para esse investimento, que terá um ótimo retorno. Pesquise e conheça os equipamentos para escolher o melhor para sua casa e instale assim que possível! Com certeza, se muitos fizerem esse tipo de mudança, menos locais da natureza terão que ser alagados para a construção de hidrelétricas e queimaremos menos combustível fóssil para produzir energia.

REFERÊNCIAS

Vídeos

- Quanto custa instalar energia solar em sua casa:
https://www.youtube.com/watch?v=uSISYb21N14

– Saiba como funciona a energia solar fotovoltaica:
https://www.youtube.com/watch?v=GZuf_Uol-n0
Sites
– Custo de instalação de equipamentos de energia solar cai 50% no país:
https://epocanegocios.globo.com/Brasil/noticia/2018/02/custo-de-instalacao-de-equipamentos-de-energia-solar-cai-50-no-pais.html
– O que é energia solar, vantagens e desvantagens:
https://www.ecycle.com.br/component/content/article/69-energia/2890-o-que-e-energia-solar-como-funciona-radiacao-solar-painel-residencial-fotovoltaica-csp-heliotermica-nuclear-eolica-biomassa-desvantagens-vantagens-eletricidade.html
– Guia de como instalar energia solar residencial, dicas e orientações:
https://www.ecycle.com.br/component/content/article/69-energia/2480-guia-instalacao-energia-solar-casa-residencia-placa-fotovoltaica-beneficios-pros-contras-como-fazer-sustentavel-investimento-recuperacao-termica-eletrica-bate-sol-localizacao-agua-luz-custo-escolhas-suporta-inclinacao-componentes-sistema.html
– Vantagens e desvantagens da energia solar:
http://mundoeducacao.bol.uol.com.br/geografia/vantagens-desvantagens-energia-solar.htm
– Energia solar cresce exponencialmente e alcança 10 mil microgeradores no Brasil:
http://cbn.globoradio.globo.com/editorias/economia/2017/05/31/ENERGIA-SOLAR-CRESCE-EXPONENCIALMENTE-E-ALCANCA-10-MIL-MICROGERADORES-NO-BRASIL.htm

DIFICULDADE ☑☑☑☐☐
Requer planejamento financeiro!

#96 Utilize o calor do sol para aquecer a água de sua casa

Dica: Faça as contas e invista nessa ideia.
Compartilhe: Como ficou o seu orçamento? Como foi a instalação? Quanto você está economizando financeiramente?

REALIZADA ☐ TOTALMENTE ☐ PARCIALMENTE ☐ INICIALMENTE

No Capítulo 95, falamos sobre a produção de energia solar para ser usada em ambientes da casa e da empresa como forma de substituir a energia elétrica produzida pelas hidrelétricas, e às vezes por usinas termoelétricas. E, no Capítulo 32, mostramos que o mais econômico dos chuveiros é o híbrido (solar e elétrico).

Existem dois sistemas para transformar a energia solar em energia elétrica. Já falamos sobre o fotovoltaico e sobre a instalação de placas de energia solar em casas e escritórios; mas ainda não explicamos o sistema heliotérmico, que é o sistema usado para transformar, primeiro, a energia solar em energia térmica. Essa transformação é que permite o aquecimento da água em sistemas residenciais, prediais e comerciais.

Por que optar pela energia solar? Sabemos que a energia solar é um recurso renovável e gratuito; então, mesmo que pareça caro em um primeiro momento (principalmente a parte da instalação dos sistemas), será vantajoso para suas despesas no futuro. Além disso, a energia solar não emite nenhum tipo de poluente, o que a torna uma das melhores opções como fonte de energia.

O aquecimento solar, diferentemente da energia solar fotovoltaica, fará o aquecimento da água do banho, da piscina ou de processos industriais que necessitem de água quente. As placas coletoras da radiação solar também serão instaladas no telhado. Nesse caso, haverá também um reservatório térmico (*boiler*) que impedirá o resfriamento da água. Existem vários modelos desse tipo de captação solar. Pesquise e descubra qual é o melhor para sua casa, seu prédio ou a empresa onde você trabalha.

REFERÊNCIAS

Vídeo

– Funcionamento básico do aquecedor solar:

https://www.youtube.com/watch?v=fltv6ztI5KE

Sites

– O aquecimento de água por energia solar:

https://www.ecycle.com.br/component/content/article/69-energia/3510-sistema-solar-fotovoltaico-aquecimento-agua-banho-poupanca-energetica-como-funciona-isolante-gas-eletrico-componentes-diferencas-coletores-fechados-abertos-tubulares-vacuo-instalacao-consumo-meio-ambiente-impactos-ambientais-emissoes.html

http://brasilescola.uol.com.br/fisica/aquecimento-agua-por-energia-solar.htm

DIFICULDADE ☑☑☐☐☐
Fácil!

#97 Na medida do possível, valorize a cultura e os produtos locais

Dica: Busque lojas e mercados que vendam produtos locais.
Compartilhe: Foi difícil achar? O que é importante pesquisar? Qual loja tem mais produtos locais? Qual espaço tem mostras da cultura local? Como descobrir que são produtos locais?

REALIZADA ☐ TOTALMENTE ☐ PARCIALMENTE ☐ INICIALMENTE

A cultura é a forma como uma sociedade ou um povo demonstra suas peculiaridades. É ela que, por ser única, difere um certo grupo de pessoas de outro. Além disso, a cultura evolui e se modifica junto com o povo, e algumas vezes pode ser muito modificada por influências externas. Por essas razões, ela é claramente a parte mais importante de quem nós somos.

A cultura é uma demonstração inconsciente do ser humano. Ela surge de fatores históricos externos ou internos. Com o passar dos anos, nós mesmos vamos mudando nossa cultura. A linguagem, por exemplo, é uma manifestação cultural que se modifica com o passar do tempo. Já a arte é uma manifestação cujas modificações acontecem por necessidades históricas.

Valorizar nossa própria cultura é a nossa maneira de mostrar que entendemos o caminho histórico que percorremos. Além disso, é uma forma de reconhecer quem somos. A verdade é que nem sempre gostaremos de tudo que nossos conterrâneos produzirem, mas temos que estar abertos a conhecer e discutir.

É de extrema importância valorizar o que nós produzimos no Brasil, porque é o que forma nossa identidade cultural. Claro que você não é obrigado a gostar de qualquer manifestação cultural. O importante é reconhecer todas as formas pelas quais a cultura se mostra e valorizar o que achamos realmente importante.

Além disso, temos produtos e serviços tipicamente locais, que precisamos aprender a valorizar e consumir. Com isso, não estaremos desprezando o que vem do exterior, mas buscando um maior reconhecimento das produções nacionais, de forma a impulsionar cada vez mais o nosso desenvolvimento, gerando empregos e novas empresas. Esses produtos e serviços podem ser de qualquer natureza: artesanato, feiras, festas, filmes, livros, exposições, alimentos nacionais, pratos típicos, frutas, até tecnologia tipicamente brasileira. São muitos produtos "made in Brazil" e que, muitas vezes, são mais valorizados em outros países do que aqui.

A ação deste capítulo é você pesquisar e comprar um produto ou serviço brasileiro. Comece a valorizar a cultura de sua sociedade (de seu município, de seu estado ou do Brasil como um todo) e a forma como ela se manifesta. Afinal, adquirir produtos locais também ajuda a comunidade local a avançar economicamente, assim como a reconhecer os produtos criados pela nossa cultura.

REFERÊNCIAS

Sites

– A valorização da cultura pelo governo de Minas Gerais:
http://www.cultura.mg.gov.br/territoriodacultura/index.php/noticias/56-valorizacao-da-cultura-e-identidade-locais

– A importância das raízes culturais:
http://meuartigo.brasilescola.uol.com.br/artes/a-importancia-das-raizes-culturais-para-identidade-.htm

– Brasileiros empreendem com produtos típicos nacionais e fazem sucesso no exterior:
https://www.em.com.br/app/noticia/economia/2017/07/23/internas_economia,885933/brasileiros-empreendem-com-produtos-tipicos-nacionais-e-fazem-sucesso.shtml

– Artesanato brasileiro e patrimônio imaterial:
http://artesol.org.br

– Centro Sebrae de referência do artesanato brasileiro:
http://www.crab.sebrae.com.br

– Produtos brasileiros que fazem sucesso no exterior:
https://www.cartacapital.com.br/economia/201cmercado-da-saudade201d-leva-produtos-brasileiros-ao-exterior
http://fotos.estadao.com.br/galerias/fotos-pme,sete-produtos-brasileiros-que-fazem-sucesso-no-exterior,27970

DIFICULDADE ☑☑☑☑☐

Requer conhecimentos prévios em investimentos!

#98 Tente entender para onde vai o dinheiro dos seus investimentos

Dica: Procure saber o que o dinheiro dos seus investimentos está financiando.

Compartilhe: Qual investimento está deixando você satisfeito? Para onde vai o investimento? Que melhorias (ou pioras) no mundo você acha que está financiando?

REALIZADA ☐ TOTALMENTE ☐ PARCIALMENTE ☐ INICIALMENTE

Atualmente, uma das atividades mais procuradas para a valorização do dinheiro é o investimento. Existem muitas formas de investir. A mais conhecida é a poupança, mas outras maneiras também são muito conhecidas, como a bolsa de valores (onde podemos comprar ações), o CDB (Certificado de Depósito Bancário) ou o financiamento de um projeto ou uma empresa em que você acredite. Investimento é colocar dinheiro em um fundo, uma empresa ou ações e, depois de um tempo, receber de volta o valor investido mais os rendimentos.

Mas, antes de realizar qualquer investimento, é importante entender para onde o seu dinheiro está indo. E isso depende do local e do tipo de produto financeiro ou grupo de empresas que você escolhe para investir.

O ISE (Índice de Sustentabilidade Empresarial) da Bovespa (Bolsa de Valores de São Paulo) é uma ferramenta com indicadores para verificar a performance de uma empresa em relação a eficiência econômica, equilíbrio ambiental, justiça social e governança corporativa. Nesse caso, você poderá conhecer a carteira de empresas ou negócios nos quais pretende investir antes de tomar uma decisão.

O ISE se diferencia dos tradicionais índices de investimento porque mensura qualidade, compromisso com a causa, produto, transparência e desempenho empresarial relativo às dimensões econômico-financeiras, sociais, ambientais e de mudanças climáticas.

É necessário entender para onde vai o seu dinheiro por diversas razões. Primeiro, porque não é sempre que temos a oportunidade de investir. Temos que tomar muito cuidado com nosso dinheiro e saber nas mãos de quem ele está. Por exemplo, em algumas carteiras de ações mais sustentáveis, não entram empresas de armas, fumo, pornografia, bebidas e setores de alto impacto ambiental, como petróleo. Ou seja, não adianta nada praticar diversas ações sustentáveis se o seu dinheiro está rendendo por meio de empresas que vão contra os Objetivos de Desenvolvimento Sustentável (ODS) da ONU.

Além do ISE da Bovespa, ao redor do mundo há outros índices: nos EUA, o Dow Jones Sustainability Index World (DJSI); na Inglaterra, o FTSE4Good; na África do Sul, o FTSE/JSE Responsible Investment Index Series, entre outros.

Tomar cuidado ao investir e entender para onde o dinheiro vai são ótimas formas de colaborar com o desenvolvimento sustentável de um país, estado ou município. A ação de hoje é pesquisar mais sobre o assunto e, se não for o seu momento de investir, divulgar para mais pessoas esse conhecimento, principalmente para aqueles que você sabe que investem em ações e fundos. Esse pode ser um dos grandes vetores de mudanças para a adoção da sustentabilidade pelas empresas. Mobilize-se para esta mudança!

REFERÊNCIAS

Sites

– Índice de Sustentabilidade Empresarial (ISE):
http://www.bmfbovespa.com.br/pt_br/produtos/indices/indices-de-sustentabilidade/indice-de-sustentabilidade-empresarial-ise.htm

– O poder das carteiras sustentáveis:
http://www.ideiasustentavel.com.br/o-poder-das-carteiras-sustentaveis

– Investimentos com foco sustentável crescem no país:
https://exame.abril.com.br/seu-dinheiro/investimentos-com-foco-sustentavel-crescem-no-pais

– Índice Dow Jones de Sustentabilidade – Empresas Sustentáveis:
http://www.atitudessustentaveis.com.br/sustentabilidade/indice-dow-jones-de-sustentabilidade-empresas-sustentaveis

– A Natura Cosméticos entra no FTSE4GOOD Index:
http://www.brazilbeautynews.com/a-natura-cosmeticos-entra-no-ftse4good-index,2105

DIFICULDADE ☑☑☑☐☐

Requer pesquisa!

#99 Conheça e valorize a história dos seus antepassados

Dica: Comece com os seus pais e com os parentes mais próximos.

Compartilhe: Quais histórias você conheceu? Que história mais te marcou? O que você descobriu sobre a sua linhagem familiar?

REALIZADA ☐ TOTALMENTE ☐ PARCIALMENTE ☐ INICIALMENTE

A vida é um longo caminho cheio de desafios e conquistas. Não importam nossas escolhas, nossas ações sempre terão impactos. Viver uma vida mais sustentável, por exemplo, pode mudar o futuro de milhões de pessoas.

A verdade é que só conseguimos enxergar a necessidade de ações sustentáveis porque estamos vendo como o meio ambiente e a humanidade estão ficando com o passar dos anos. Comparando o presente com o passado, podemos ter uma ideia do que acontecerá no futuro caso continuemos com os mesmos hábitos. E existem vários estudos científicos sobre isso envolvendo cada um dos Objetivos de Desenvolvimento Sustentável (ODS) da ONU.

A mesma teoria vale para a sociedade como um todo e para nós mesmos como seres individuais. Muitos historiadores já comprovaram que a história tende a se repetir (não exatamente do mesmo jeito), e ela deve ser estudada para que possamos aprender cada vez mais com os povos mais antigos. No caso do indivíduo, a melhor forma de se conhecer é procurando entender seus antepassados.

É impossível evoluir sem reconhecer o esforço das pessoas que vieram antes de nós. É impossível nos autodesenvolvermos sem estudar nossa família. Compreender as batalhas, as dificuldades, os sofrimentos, assim como as vitórias, as alegrias e as conquistas de sua família é a melhor maneira de crescer e aprender sobre a vida. Outra vantagem de conhecer os antepassados está nas questões genéticas relacionadas a doenças, problemas de saúde e particularidades hereditárias.

A ação de hoje é voltada para o autoconhecimento. Monte a sua árvore genealógica. Existem várias ferramentas para isso, que você pode encontrar nos links recomendados. Converse com as pessoas de sua família, porque elas têm muito a ensinar. Aprecie sua história como um todo, porque é ela que vai te ensinar a valorizar e a aprender com o passado.

Lembre-se sempre de que o seu autodesenvolvimento é necessário para você poder multiplicá-lo para outras pessoas. Quer mudar o mundo? Comece por você!

REFERÊNCIAS

Sites

– Como montar sua árvore genealógica:

https://familia.com.br/497/como-iniciar-uma-arvore-genealogica

http://madeirenses.eu/blog/5-programas-construir-a-sua-genealogia

http://www.genealogy.com

– 8 doenças hereditárias que você precisa conhecer:

http://universodasaude.com/doencas-hereditarias-mais-comuns

DIFICULDADE ☑☑☑☑☐

Requer algumas aprovações que não dependem de você!

Monte um comitê de sustentabilidade na sua empresa #100

Dica: Recrute pessoas interessadas no tema.

Compartilhe: Foi difícil montar o comitê? O que ele fará? O que já está dando certo?

REALIZADA ☐ TOTALMENTE ☐ PARCIALMENTE ☐ INICIALMENTE

Mesmo com todas as ações sugeridas neste livro, precisamos lembrar de um importantíssimo fator para que uma empresa, escola, casa ou um condomínio se torne um local mais sustentável.

É necessária uma conscientização coletiva para que todos passem a entender a necessidade de ações sustentáveis. A maneira mais simples de fazer com que a sustentabilidade se integre na cultura organizacional de uma empresa e no dia a dia dos colaboradores é eleger uma equipe diversificada (com todos os tipos de funcionários da empresa) para ficar responsável por implementar as práticas sustentáveis. Esse exemplo também pode ser aplicado a sua escola, ao seu condomínio e à sua casa.

O comitê é uma opção segura, que tem como objetivo colocar a sustentabilidade como tema prioritário na organização da empresa – ou do condomínio, para ajudar o síndico a melhorar a questão da sustentabilidade no prédio.

Esse comitê tem diversas funções, como liderar a empresa em tudo que for relacionado ao tema; preservar a imagem da empresa em relação a práticas sustentáveis (interna e externamente); estimular inovações nos negócios e nas operações, sempre com foco no desenvolvimento sustentável; promover um ambiente de conscientização acerca da sustentabilidade e da inovação social; entre muitas outras funções. Busque referências em empresas que já possuem essa prática.

Mas por que um comitê é necessário? Porque ele é a maneira mais rápida e prática de atingir os funcionários da empresa sem sobrecarregar a liderança. Ele tem um poder que vem de baixo para cima na pirâmide hierárquica e uma capilaridade maior nos departamentos. Além disso, o comitê também serve como prova de que a instituição se preocupa com as questões ambientais e sociais, sendo um diferencial para o público e criando uma vantagem sobre as empresas concorrentes.

Por essas razões, a ação sustentável de hoje é sugerir a montagem de um comitê de sustentabilidade ao seu chefe (quem sabe você não acaba responsável por essa função?), ao síndico do seu prédio ou ao diretor da escola onde você ou seus filhos estudam, explicando a necessidade e as vantagens dessa ação. Sempre pesquise antes. Na internet, você encontrará vários modelos de empresas que fazem esse tipo de ação. Você também pode se aprofundar no tema conversando com especialistas e profissionais do desenvolvimento sustentável. Somente com a mobilização de pessoas, organizações e governo é que conseguiremos melhorar o mundo.

REFERÊNCIAS

Sites

– A importância de ter um comitê de sustentabilidade na sua empresa:
https://www.santandernegocioseempresas.com.br/detalhe-noticia/a-importancia-de-ter-um-comite-de-sustentabilidade-na-sua-empresa.html

– Comitê de sustentabilidade e inclusão social:
https://www.fdc.org.br/sobreafdc/gestaoresponsavel/Paginas/projeto.aspx?projeto=14

– Empresas criam comitês para polir a imagem corporativa:
https://exame.abril.com.br/revista-exame/empresas-criam-comites-para-polir-a-imagem-corporativa

DIFICULDADE ☑☐☐☐☐
Superfácil!

Ensine tudo isso a uma criança (ou a várias!) #101

Dica: Realize as ações recomendadas neste livro com as crianças.

Compartilhe: Quais ações você realizou com uma criança? Para quais crianças você ensinou quais ações? Quais ações as crianças entenderam com mais facilidade?

REALIZADA ☐ TOTALMENTE ☐ PARCIALMENTE ☐ INICIALMENTE

Nena Naka

Bem, se você seguiu a sequência tradicional, você leu este livro até aqui e aprendeu com todas as ações. Agora você pode começar a ensinar as crianças ao seu redor sobre sustentabilidade e sobre a importância do meio ambiente e das pessoas. Caso não conviva com crianças, pode se tornar voluntário em alguma escola ou centro de educação e fazer a sua parte.

Caso ainda não tenha lido as outras ações do livro, abra em qualquer página, conheça uma das ações sugeridas e convide, desde o começo, crianças para te ajudar nas ações.

Sustentabilidade não é um assunto de difícil compreensão, mesmo que algumas ações citadas no livro sejam um pouco difíceis de entender, como investimentos ou impostos. A maioria dos temas pode estar presente em conversas com qualquer pessoa: adultos, adolescentes, crianças ou idosos.

A melhor fase, no entanto, para começar a ensinar o desenvolvimento sustentável é a infância, pois a criança tem a mente aberta para qualquer assunto, além de ter mais empatia com a vida em geral: dificilmente você encontrará uma criança que não goste de animais ou que não goste de brincar na natureza.

Ensinar crianças é maravilhoso e é a ação mais importante deste livro, porque resultará em cidadãos mais conscientes e preocupados com o meio ambiente e as pessoas. Esse ensinamento tem que começar em casa, já que os pequenos tendem a ouvir muito mais seus pais e parentes, além de imitarem muitas das coisas que os adultos fazem em casa.

Não será difícil explicar as ações mais sustentáveis para as crianças, desde que você aborde os temas de maneira criativa e interativa. As crianças gostam de participar, de "colocar a mão na massa". Então, atividades que você desenvolva junto com a criança farão com que ela aprenda mais facilmente os conceitos.

Quando escrevi este livro, uma das ideias era incluir todas as ações de que já tivesse ouvido falar e que já tivesse estudado ou implementado, para que os meus filhos pudessem, junto comigo, colocá-las em prática e divulgá-las.

São muitas as possibilidades de fazer as ações com os pequenos de sua família (filhos, sobrinhos, netos) ou até mesmo seus alunos (caso você seja professor). Só precisa fazer do desenvolvimento sustentável um assunto tão natural para eles quanto, por exemplo, assistir à televisão ou mexer no celular. Essa é a verdadeira ação para mudar o mundo!

REFERÊNCIAS

Vídeo

– Um plano para salvar o planeta, da Turma da Mônica:
https://www.youtube.com/watch?v=L3zaoUaHJhQ

Sites

– Sustentabilidade na educação infantil: oito dicas legais:
https://www.ecycle.com.br/1285-sustentabilidade-na-educacao-infantil

– A aprendizagem infantil envolvendo sustentabilidade:
https://www.portaleducacao.com.br/conteudo/artigos/educacao/a-aprendizagem-infantil-envolvendo-sustentabilidade/35156

– Projeto de uma professora de Ensino Fundamental I:
http://sgsustentabilidade.blogspot.com.br/p/blog-page.html

Últimas palavras

Espero que você tenha gostado deste livro! Ele foi escrito de uma forma didática, com o objetivo de mostrar como é fácil viver uma vida mais sustentável de forma prática e eficiente. A única dificuldade, de agora em diante, será você e sua família adequarem um pouco da sua rotina às ações citadas e implementadas. A ideia de continuidade do livro é que possamos criar uma plataforma online que nos permita chegar aos 365 dias de ações que tornem nossas vidas mais sustentáveis. Se ultrapassarmos essa quantidade de dias, será melhor ainda!

101 dias com ações mais sustentáveis para mudar o mundo foi a forma de dar o pontapé para o objetivo dos 365 dias. Comecei e, agora, gostaria que você enviasse suas ideias para o e-mail contato@marcusnakagawa.com, para que possamos completar juntos os 264 dias do ano que estão faltando.

Por isso, este livro não acaba aqui, as atividades não terminam aqui. Continue praticando e envie para mim suas ideias, para que possamos montar um site com todas as ações de forma colaborativa. Assim, futuramente, poderemos criar um livro coletivo e, quem sabe, também um aplicativo com todas as ações, trabalhando em conjunto com todos que partilharem suas ideias.

Além disso, utilizaremos a página do Facebook, Dias com Ações Mais Sustentáveis (https://www.facebook.com/diasmaissustentaveis/) para atingir ainda mais pessoas. Agradeço novamente a todos que colaboraram com o financiamento coletivo no Kickante e à empresa Klabin por acreditarem neste projeto.

Agradeço também à minha esposa Fran, ao meu filho João Hyonai e à minha filha Helena Junko, que me apoiaram em mais este sonho realizado, ao meu pai João e à minha mãe Junko, por me ensinarem a não desistir nunca, à minha irmã Yuri e a todos os parentes, amigos e amigas, alunos e alunas que sempre me motivam a trabalhar pelo desenvolvimento sustentável e pela melhoria das condições ao ser humano!

Conto com as sugestões de vocês para novas ações mais sustentáveis, sempre em busca de um mundo melhor!

Acesse a página no Facebook: https://www.facebook.com/diasmaissustentaveis.
Envie novas ações mais sustentáveis para o e-mail: contato@marcusnakagawa.com.
Sugestões, críticas e comentários sobre o livro podem ser enviados também para o e-mail: contato@marcusnakagawa.com.